HOTEL
ESTRATÉGIAS COMPETITIVAS

Um Guia Prático para a Aplicação da Gestão por Processos e do *Balanced Scorecard* no Segmento da Hotelaria e do Turismo

Metodologia aplicável à empresas dos segmentos de Hotelaria e Turismo.

HOTEL
ESTRATÉGIAS COMPETITIVAS

Um Guia Prático para a Aplicação da Gestão por Processos e do *Balanced Scorecard* no Segmento da Hotelaria e do Turismo

RENATO RICCI

QUALITYMARK

Metodologia aplicável à empresas dos segmentos de Hotelaria e Turismo.

Copyright© 2005 by Renato Ricci

Todos os direitos desta edição reservados à Qualitymark Editora Ltda.
É proibida a duplicação ou reprodução deste volume, ou parte do mesmo, sob qualquer meio, sem autorização expressa da Editora.

Direção Editorial SAIDUL RAHMAN MAHOMED editor@qualitymark.com.br	Produção Editorial EQUIPE QUALITYMARK
Capa WILSON COTRIM	Editoração Eletrônica MS EDITORAÇÃO

CIP-Brasil. Catalogação-na-fonte
Sindicato Nacional dos Editores de Livro, RJ

B379h
    Ricci, Renato, 1962 –

        Hotel : estratégias competitivas : um guia prático para a aplicação da gestão de processos e do balanced scorecard no segmento da hotelaria e do turismo. / Renato Ricci – Rio de Janeiro : Qualitymark, 2005
        144p. :

    ISBN 85-7303-525-0

        1. Hotéis – Administração. 2. Turismo – Planejamento. 3. Controle de processo. 4. Gestão da qualidade total.
    I. Título.

05-1700   CDD 647.94068
                                                                                              CDU 640.41.65

2005
IMPRESSO NO BRASIL

Qualitymark Editora Ltda. **Rua Teixeira Júnior, 441** **São Cristóvão** **20921-400 – Rio de Janeiro – RJ** **Tel.: (0XX21) 3860-8422**	**Fax: (0XX21) 3860-8424** **www.qualitymark.com.br** **E-Mail: quality@qualitymark.com.br** **QualityPhone: 0800-263311**

Dedicatória

Dedicado a todos aqueles que um dia ousaram e promoveram mudanças em suas vidas, em seus negócios ou em seus sentimentos e assim contribuíram para mudar a história do mundo.

Prefácio

Os últimos 20 anos foram marcados por diversas mudanças no modelo básico de gestão das organizações. Neste período, o Brasil passou por uma reviravolta conceitual e uma re-estruturação político-administrativa. Para aqueles que são providos por uma ausência de memória crônica, ou para os que simplesmente não viveram estes anos, eu gostaria de relembrar alguns fatos marcantes, que, por certo, mudaram o rumo de muitas empresas.

As organizações navegaram ao longo destes anos, e enfrentaram mares muitas vezes agitados e turbulentos. Muitas delas simplesmente se renderam em momentos difíceis e desistiram de perseguir seus objetivos. Outras, mais fortuitas, conseguiram sobreviver. Algumas ganharam muito dinheiro, muito além do que fora planejado.

O fenômeno da globalização supostamente surgiu para agregar valor na cadeia de consumo mundial. Em contrapartida, a vulnerabilidade dos países mais fracos e de suas organizações ficou latente. Uma crise específica em um canto do mundo reflete duramente e com uma rapidez espantosa no outro lado do hemisfério. Foi assim com a Rússia, o México, o Afeganistão, a Argentina, os países asiáticos, e com o Brasil. Com exceção de alguns tipos de mercado, como, por exemplo, o bélico e o da construção, a grande maioria das organizações sofreu com as guerras e com os conflitos ocorridos. E eles foram muitos – Malvinas, Afeganistão, Iraque – e o interminável conflito entre israelenses e palestinos. Alguns personagens foram marcantes, negativamente, para a economia mundial – entre eles Bin Laden e Sadam Hussein, sem falar no indigesto Bush e seus agregados.

Quem dependia diretamente das importações e exportações durante estes anos, sofreu muito com as oscilações de nossa taxa cambial. Muitos tiveram sucesso e outros tantos amargaram um terrível fracasso.

No campo dos sistemas de gestão, os últimos 20 anos foram marcados por mudanças constantes de tendência. Vários "gurus" profetizaram saídas mirabolantes, muitos foram convencidos, muitos investiram seus últimos recursos e muitos se deram bem. Houve a fase da *teoria das restrições*, da *reengenharia*, das normas *ISO-9000*, da *gestão por resultados*, da libertação do antagônico "recursos humanos", do *balanced scorecard*, da *manufatura enxuta*, do *kaizen* (ou melhoria contínua), e muitas outras ferramentas. Todas com um único objetivo, expresso, de forma implícita ou explícita: "ganhar dinheiro". Algumas deram muito certo e foram aclamadas como eficientes; outras, dependendo da forma que foram administradas, geraram resultados desastrosos. A *reengenharia*, por exemplo, foi um rolo compressor organizacional nos idos dos anos 90. Estruturas inteiras foram desfeitas. Profissionais competentes foram colocados à parte das organizações, departamentos foram extintos, empresas foram enxugadas e nem sempre o resultado esperado foi alcançado. Alguns anos depois, muitas destas empresas retornaram timidamente ao que elas eram antes da *reengenharia*. Uma grande massa de *know-how* pode ter sido perdida. A tal da competitividade pode não ter sido alcançada. E o lado bom de tudo isto? Bem, eu diria que aprendemos demais. Nunca se evoluiu tanto. Nem sempre para um melhor desempenho. Às vezes a evolução é mais lenta, é gradual, é progressiva. As grandes empresas, geralmente multinacionais, conseguiram vantagens competitivas com a globalização. Muitas empresas de porte menor se aliaram a grandes organizações. Muitas sucumbiram aos altos e baixos da economia.

A tecnologia avançou em uma velocidade absurda. O acesso à informação e a comunicação virtual são expoentes da última década. Isto mudou a forma de operação das organizações. A estrutura departamental passou a ser menos importante que a competência de cada colaborador e a organização gerencial da empresa. A competitividade está em alta. Há competitividade em tudo: entre as organizações, entre produtos, entre profissionais, entre políticos, entre teses, entre sistemas, e assim por diante.

O negócio passa a ser tratado de forma mais profissional. O gestor por impulsão dá lugar ao gestor por razão. O profissional ocupa o espaço do amador. Com base neste cenário de mudanças, as organizações inteligentes têm repensado suas formas de agir. As funções internas estão sendo redefinidas, objetivos vêm sendo traçados, novos procedimentos têm sido estabelecidos, competências foram alteradas.

O segmento da **hotelaria** e do **turismo** em geral viveu este mesmo dilema. Na hotelaria, por exemplo, o fenômeno da globalização foi sentido pelo mercado com a chegada das grandes redes ao país no início dos anos 90. Nesta época, o Brasil, como um todo, era desprovido de hotéis de categoria e os serviços eram deficientes. A hotelaria passou a ser a bola da vez. Os olhos dos investidores se voltaram para este nicho de mercado. Os empreendedores imobiliários tinham um produto triunfante nas mãos. O governo, na ausência de políticas de geração de empregos, levantou a bandeira que o turismo, e conseqüentemente a hotelaria, seriam geradores de empregos potenciais. O setor educacional apressou-se em criar novas escolas e cursos de hotelaria e turismo. Em menos de uma década, os principais centros do país ganhavam novos hotéis, com cara de primeiro mundo, e repletos de novidades. Uma delas, as tarifas econômicas. Infelizmente, o tamanho do mercado consumidor não cresceu na mesma proporção. A indústria e o emprego tiveram, neste mesmo período, resultados tímidos. O segmento de negócios não cresceu na proporção esperada. O resultado final: muita oferta e demanda reprimida. Outro efeito deste *empreendedorismo* imobiliário insano: compradores frustrados, promessas de retorno do investimento não cumpridas, desvalorização dos imóveis.

O segmento do turismo, em geral, sofreu com os altos e baixos de nossa economia e com as dificuldades de adaptação em relação aos avanços globais. Muitos não conseguiram chegar até aqui, e simplesmente deixaram o mercado. As companhias aéreas enfrentam uma crise mundial que já se estende por muitos anos. A atuação do terrorismo organizado desconcertou as estratégias traçadas. O mundo do turismo teve que se adaptar a esta triste e dura realidade. Não bastasse tamanho problema, não podemos deixar de citar aqui a carga tributária paga pelas organizações *tupiniquins* que, em muitos casos, já ultrapassa os 40% da receita produzida – índices que deixam quaisquer economistas de boca aberta. Mas como podemos continuar gerenciando nossos negócios neste cenário do caos (supondo que ele não irá mudar tão cedo)? É sobre isto que este livro trata. Nele, pretendemos apresentar como qualquer organização do segmento da hotelaria e do turismo em geral, que sobreviveu a todo este cenário descrito, independente de porte ou ramo de atividade, pode tornar-se competitiva e eficiente na conjuntura atual do mercado global. Para isto, apresentamos o conceito de *Gestão por Processos*, como uma alternativa interessante à tradicional gestão departamental. Baseado em três princípios principais: simplificação, inovação e resultados, a *Gestão por Processos* busca maximizar valores para a organização através da participação e interação entre colaboradores, gestores, investidores e parceiros. Outro ponto de destaque no livro é a interação entre a **gestão por processos** com o **planejamento estratégico do negócio**. Para isto, introduzimos aqui um conceito muito usado pelas organizações mundiais de ponta – o *balanced scorecard*. O livro busca apresentar soluções práticas e de fácil acesso àqueles que possuem a árdua tarefa de exercer as mudanças estruturais dentro das organizações. Espero que seja uma ferramenta útil para atingir este objetivo. Sucesso e boa leitura.

Renato Ricci
renato@renatoricci.com.br

Sumário

1. Gestão por Processos 1
2. Planejando o Negócio 33
3. Análise dos Cenários – Tendências 51
4. Diferencial Competitivo e Objetivos Estratégicos 65
5. Estratégias Competitivas 71
6. Estudo de Caso 1 77
7. Balanced Scorecard Aplicado ao Segmento de Turismo e Hotelaria ... 89
8. Estudo de Caso 2 99
9. Diagnóstico do Desempenho Hoteleiro 103
10. O Futuro 115
11. Sugestão Final 121

Sobre o Autor 125

1

Gestão por Processos

A Agência de Viagens "Boa Sorte"

É sexta-feira, 30 de setembro, último dia útil do mês, e como sempre um momento de tensão na "Boa Sorte" – uma grande agência de viagens, com atuação em diversas áreas, e que acumula mais de 30 anos de experiência junto aos seus principais clientes. Os negócios estão acirrados nos últimos anos devido a uma forte concorrência, recentemente instalada no país, e a uma nova política tributária implementada pelo governo e que afetou diretamente produtos e serviços da "Boa Sorte".

Como acontece sempre nos últimos dias do mês, os gerentes, supervisores e emissores de cada departamento não medem esforços para que os objetivos sejam alcançados, o que lhes garante um bônus a ser somado aos seus salários, o qual nem sempre é atingido. Como qualquer outra organização, a "Boa Sorte" enfrenta problemas corriqueiros. Entre eles, atrasos nos pagamentos de fornecedores, problemas com terceirizações, reclamações dos clientes, excesso de burocratização, dificuldade de obtenção de crédito, mão-de-obra desqualificada e desmotivada.

A organização tem estrutura departamental, com uma gestão familiar, administrada por um conselho diretivo. São três diretorias e dez gerências corporativas, além de supervisores e de emissores espalhados pelos diversos departamentos da agência. Com as crises causadas pelo terrorismo e com a alta do dólar, a "Boa Sorte" está alterando seu foco do mercado externo para o mercado nacional.

Romualdo, o diretor de vendas – um dos mais antigos e respeitados colaboradores da empresa e amigo pessoal do presidente – é quem dita as regras do dia-a-dia, como: "temos que gerar mais negócios", "temos que captar novas oportunidades", "podemos ganhar um novo mercado", "nosso retorno sobre o investimento precisa crescer".

Bárbara, diretora financeira e irmã do presidente, se preocupa especificamente com o fluxo de caixa e de investimentos. Com algumas obrigações contratadas junto a bancos locais, sua preocupação principal é a de reduzir os custos e preservar a saúde financeira da "Boa Sorte".

Jacinto, responsável pela área de emissões, é o diretor operacional. Vindo de uma das agências concorrentes, com uma visão diferente de gestão empresarial, ele tenta adaptar-se às rotinas preestabelecidas da "Boa Sorte".

Em geral, a empresa possui uma boa reputação no mercado, conseguida principalmente nos anos áureos de um mercado não competitivo, quase um monopólio. Entretanto, a estrutura é antiga e ultrapassada. Há um excesso de burocracia e controles questionáveis, não existe participação nas decisões. As metas e diretrizes não estão claramente definidas. A equipe é formada por dois tipos de colaboradores: os antigos (experientes e acomodados) e os novos (despreparados e sem objetivos).

A gestão dos Recursos Humanos não é o ponto forte da "Boa Sorte". O presidente, os diretores e alguns gerentes possuem o estilo de liderança "pai repressor", ou seja, bate, grita e acaricia, quase que simultaneamente. Os colaboradores mais velhos de casa já estão acostumados, os novos nem tanto.

O último dia do mês mostrava claramente como a falta de um planejamento claro e de uma linha orientada de objetivos, fazia com que o caos ficasse aparente. A operação arrastava-se de forma desorientada tentando atingir o seu desempenho prometido. O departamento de vendas parava o atendimento a novos clientes, somente para atender a reclamações e solucionar entraves junto aos fornecedores principais, às companhias aéreas e aos hotéis. A agilidade não é um ponto forte da "Boa Sorte". Um pedido muitas vezes leva dias para ser respondido.

1. Gestão por Processos

O segmento corporativo é muito marcante na agência, porém há um excesso de reclamações, principalmente em relação a *políticas de viagens* não respeitadas. Alguns contratos prevêem multa, e isto afeta negativamente o desempenho da "Boa Sorte". Os índices de operação não são dos melhores, há um elevado número de retrabalhos e de desperdício. As horas-extras aumentam neste período para tentar suprir as deficiências da operação. O setor de cobrança enfrenta um problema ainda maior. Muitas terceirizações efetivadas recentemente não deram certo. Não bastasse tudo isto, a "Boa Sorte" tem atrasado os pagamentos de comissões à alguns parceiros, o que tem causado um certo mal-estar nas negociações.

Diariamente, uma série de reuniões é feita para tratar todos estes problemas. Todas são longas e pouco produtivas. Os participantes, gerentes e supervisores são praticamente os mesmos em todas elas. O volume de ações a serem realizadas é muito grande, porém poucas atingem seu propósito inicial. Não há *follow-up* e gerenciamento das ações efetivadas e em atraso. Muitas das decisões não são passadas para os outros colaboradores. Muitos gerentes, seguindo a filosofia da direção, são centralizadores e tratam os planejamentos como altamente confidenciais. Impera um clima de desconfiança geral, o que acarreta uma centena de e-mails e comunicados internos para registrar todos os acordos e cobranças entre os departamentos.

Existem basicamente três "tribos" internas: a dos que defendem a política adotada pela diretoria de vendas, a dos adeptos da política controladora da diretora financeira e uma turma mais nova, dirigida pelo novo diretor de operações. Esta falta de sinergia faz com que os atritos e conflitos internos sejam desgastantes, ao ponto de algumas pessoas simplesmente ignorem outras e procurem, sempre que uma oportunidade surgir, prejudicar o trabalho do outro.

Resultado de todo este cenário: as vendas estão caindo, o clima organizacional interno está péssimo, as demissões começaram, o resultado operacional e o fluxo de caixa estão comprometidos, os custos estão elevados. O que pode fazer a "Boa Sorte" para mudar seu destino?

O Hotel "Bom Sono"

O "Bom Sono" foi erguido em 1978 com o esforço próprio de seus dois sócios, um oriundo da área da construção civil e o outro um influente político da região. Em seus primeiros anos, o hotel foi considerado o melhor e hospedou importantes clientes do país e do exterior. Sua estrutura suntuosa e o serviço competente eram marcas registradas do "Bom Sono". Os seus quase cem apartamentos, passaram os primeiros cinco anos praticamente ocupados cem por cento do tempo. Eram hóspedes de negócios e de lazer. O fluxo de pessoas era alto e a rentabilidade, interessante. O hotel exigia cada vez mais pessoas para suportar as inovações promovidas, muitas delas para atender a gostos particulares de seus donos. Chegou ao incrível número de 250 funcionários.

Entretanto, com o passar dos anos, a deterioração do produto chegou. A alta ocupação e o certo descaso de seus gestores fizeram com que o hotel ficasse desatualizado, e com sérios problemas de manutenção. Para piorar a situação, a concorrência chegou. Mais dois hotéis novos instalados bem na vizinhança do "Bom Sono". O primeiro deles, um hotel de mesmo padrão, visando os mesmos clientes fiéis ao "Bom Sono"; o outro, um econômico com tarifas muito atraentes.

De imediato, a ocupação despencou. Os concorrentes, apesar de não estarem com uma ocupação boa, apresentavam um produto novo e possuíam uma força de venda mantida por uma administração internacional.

O "Bom Sono" passou por um dilema: O que fazer? Manter seus serviços e preços, reduzi-los, ou simplesmente transformá-lo em um hotel econômico?

Estas seriam soluções viáveis? Internamente o hotel possuía também uma série de problemas. A estrutura inchada e pouco flexível não fora capacitada para atuar em mercado competitivo. O jogo de cintura simplesmente não existia. A estrutura departamental era mantida rígida, e priorizava resultados particulares de cada setor individual. Assim sendo, o setor de reservas tinha o objetivo de efetivar reser-

1. Gestão por Processos

vas; a recepção, o de receber clientes; a governança, o de manter os apartamentos limpos e assim por diante. Cada gerente defendia claramente seus objetivos particulares.

Os colaboradores experientes começaram a ser trocados por funcionários mais baratos, com pouco ou nenhuma experiência. Os clientes se tornaram mais exigentes e percebiam que a qualidade do produto oferecido estava decaindo. Os preços não acompanhavam esta redução. As ofertas da concorrência eram tentadoras. As reclamações aumentavam, as vendas continuavam a cair. Novos concorrentes ameaçavam chegar em breve. Parece o fim da galinha dos ovos de ouro. Não bastasse isto, as regras tributárias mudaram e um novo sócio majoritário do negócio chegou – o Governo. Com os impostos em elevação, a ausência de clientes e a chegada de concorrência forte, algo deveria ser feito.

Os diretores e proprietários divergiam em uma série de decisões. Um deles achava que a prioridade era reformar o hotel e investir em vendas, o outro defendia a tese de que os serviços deveriam ser reduzidos e os custos cortados. As brigas e discussões chegavam aos ouvidos da equipe, o que tornava as coisas ainda mais graves. A equipe se dividiu em dois nichos, um para cada linha de gestão adotada pelo seu diretor. A organização passou a trabalhar bipartida com objetivos distintos.

O que o hotel "Bom Sono" pode fazer para mudar o seu destino?

O Que Estas Organizações Têm em Comum?

Isto lhe parece familiar, por acaso você já vivenciou ou conheceu alguma organização com estes mesmos problemas? Tanto a "Boa Sorte" como a "Bom Sono", têm várias características em comum, entre elas:

- falta de uma liderança efetiva;
- ausência clara de objetivos e metas a serem seguidas e alcançadas;

1. Gestão por Processos

- forte *departamentalização* e nichos de gestão;
- resultados comprometidos pela gestão confusa e caótica;
- equipes despreparadas para assumir novos desafios;
- mercados extremamente competitivos;
- ênfase total no resultado individual e não no coletivo;
- ausência de políticas efetivas junto a fornecedores e parceiros;
- falta de perspectivas e de um planejamento de ações futuras.

Quaisquer que sejam as alternativas escolhidas, para dar um novo rumo à organização, tanto a "Boa Sorte" como a "Bom Sono", terão imensas dificuldades de superar seus obstáculos. Ao aliar problemas estruturais com modelos ultrapassados de gestão, em um mercado atual intensamente competitivo, as organizações são obrigadas a partirem para decisões de alto risco, que geralmente envolvem perda de imagem ou de recursos financeiros. Muitas delas são sucumbidas e simplesmente desistem de continuar a lutar. Outras são engolidas pela concorrência. Algumas enfrentam o problema e buscam soluções efetivas para o mesmo. É sobre estas empresas que gostaríamos de dedicar boa parte deste livro. Se olharmos novamente a um passado recente, você poderá observar que as empresas que suportaram as últimas crises mundiais e até tiraram proveito delas têm muitas características em comum.

A primeira delas, sem dúvida, está ligada à origem e ao valor agregado de seu serviço. São organizações onde a imagem do produto vendido fala mais alto que qualquer situação econômica ou de gestão. A **marca** vende. A segunda característica peculiar é representada pelas organizações que se preocuparam nos últimos 20 anos a mudar sua história, a criar novos cenários, a enfrentar desafios. Lembro-me de ter assistido, há quase 20 anos, uma palestra do Dr. Elyath Goldratt (na época lançando o seu best-seller *A Meta*). Na platéia, um jovem de não mais que 25 anos explica a sua situação ao Dr. Goldratt. Ele assumira a diretoria de uma empresa tradicional do mercado, com mais de 50 anos de existência. Por mais de 15 minutos, o rapaz apresentou fatos que expunham negativamente a experiência de seu gestor antecessor, por coincidência, seu pai. Ao final, perguntou ao famoso guru o que ele achava de tudo aquilo. Dr. Goldratt, sem pestanejar, respondeu diretamente com uma outra questão. Perguntou em tom quase hilário:

– *"Há quantos anos a empresa sobrevive com esta gestão caótica?"*

O rapaz timidamente responde:

– "Há 50 anos."

– "Não é possível que seu pai tenha sido tão competente assim. Ninguém sobrevive, no mundo dos negócios, há 50 anos de negligência. Por certo, ele fez muitas coisas certas. Que tal você voltar para lá e descobrir tudo aquilo que seu pai fez de correto? Se você descobrir, por certo, sua gestão terá boas chances de ser vitoriosa no futuro."

Este caso exemplifica a terceira característica importante que é a de **aprender** com os **acertos** e com os **erros**. Planejar estrategicamente requer muitas habilidades. A primeira delas é a **paciência**. É muito usual você ouvir a máxima "em nosso país é impossível planejar". Há alguns anos, dizia-se que o planejamento em curto, médio e longo prazos, no Brasil, não passava de um planejamento das ações da organização para hoje de manhã, hoje na hora do almoço e hoje à tarde. Quem não se lembra da época de inflação galopante?

Infelizmente, a grande maioria das empresas, e isto não se limita às empresas nacionais, encontra-se em situação semelhante a da "Boa Sorte" ou a da "Bom Sono". É evidente que muitas delas sobreviverão. É notório que muitas não entrarão na onda da mudança e por certo deixarão de existir. Aquelas que efetivamente resolveram manter-se como líderes de seus segmentos e com competitividade crescente tiveram que introduzir alguns conceitos de gestão. Não importa o nome da ferramenta, e nem se elas são novas ou antigas, mas sim sua eficácia e eficiência em atender aos objetivos. Planejamento estratégico, BSC – *Balanced Scorecard, Gestão por Objetivos, Gestão por Processos*, CRM – *Customer Relationship Management*, ISO-9000, *Kaizen, Six Sigma*, entre outras, são exemplos destas ferramentas. Cada uma delas pode ser útil em determinadas situações, muitas delas podem ser adotadas simultaneamente de forma interativa. Se mencionarmos estas ferramentas aos gestores do segmento da hotelaria e do turismo, provavelmente a expressão será de desconhecimento total. As ferramentas ensinadas pelo mundo nos mais afamados **MBA's**, estão muito longe de serem aplicadas no mundo do turismo. E por que não são utilizadas? Este é o meu desafio número um: fazer com que algumas delas possam ser aplicadas neste segmento, independentemente do porte da empresa, independente se é um pequeno hotel, uma grande companhia aérea ou uma agência de viagens. A *Gestão por Processos* trabalha com os conceitos principais destas metodologias de forma simplificada, buscando sua aplicação prática, independente de porte ou estrutura organizacional existente. O foco das ações está voltado para uma gestão integrada entre produtos, processos, competências e necessidades dos clientes.

Vejamos a seguir como a *Gestão por Processos* pode ser aplicada na prática e como pode servir de instrumento para revolucionar os modelos de gestão adotados pela "Boa Sorte" e pelo Hotel "Bom Sono".

O Mapeamento dos Processos

A primeira importante tarefa para criarmos um ambiente de gestão orientada a processos é a identificação dos mesmos, dentro de uma ótica onde é fundamental observarmos quais são os nossos produtos, quais são os nossos clientes internos e externos, e quais são suas necessidades básicas.

Para que isto seja possível, é necessário que alguns conceitos sejam definidos e fiquem claros a todos dentro da organização.

O primeiro destes conceitos é a definição do que realmente é um processo.

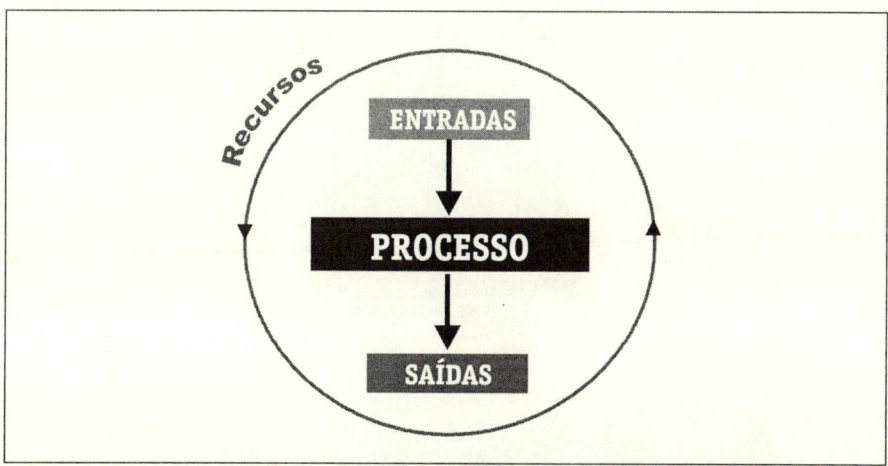

Um **processo** é o conjunto de atividades inter-relacionadas, que transforma *entradas* em *saídas* ou *resultados*, com algum *valor agregado*, e através do uso adequado de *recursos* disponíveis.

Apesar da definição ser relativamente simples e de fácil compreensão, é comum, ao realizarmos o mapeamento de processos, ocorrerem distorções e desvios do foco principal. Portanto, é fundamental que esta definição esteja bem entendida para darmos seqüência ao trabalho.

O que são Entradas e Saídas?

As entradas de um processo são os insumos, as informações e os recursos necessários para que o processo consiga gerar os resultados esperados. As saídas ou resultados gerados pelo processo são insumos, informações ou recursos que serão destinados a um outro processo correlato. Muitas vezes, estes resultados são gerados diretamente ao cliente externo.

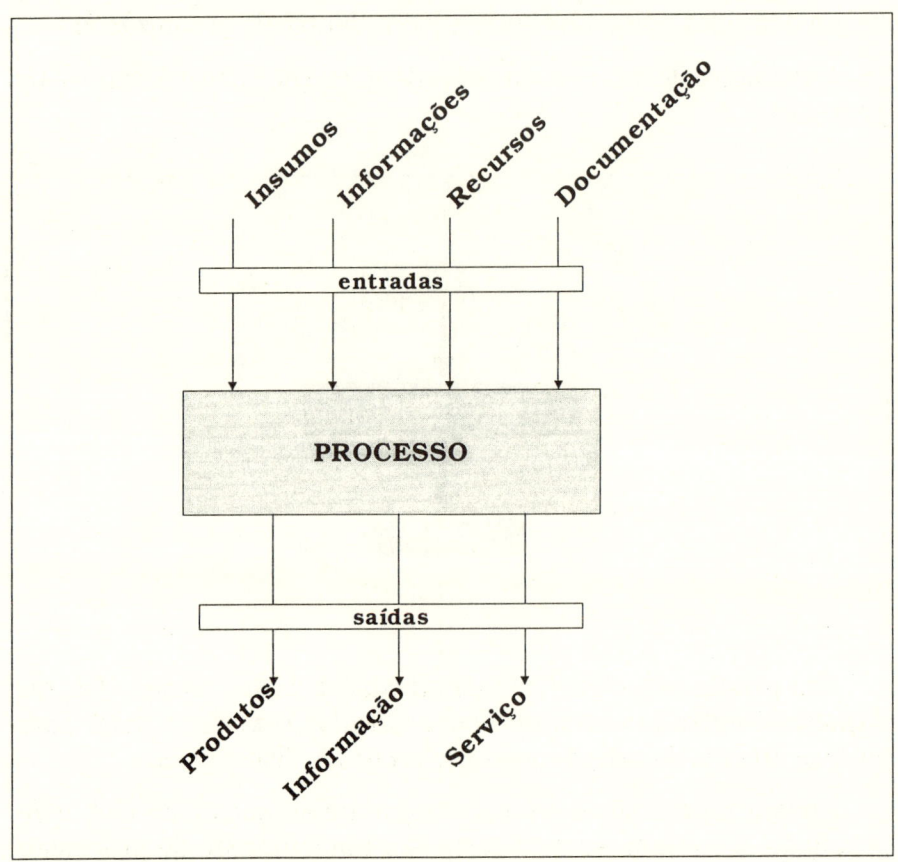

Veja, a seguir, um exemplo detalhando as entradas e as saídas de um processo de Vendas e um de Reservas.

ANÁLISE DOS PROCESSOS

entradas:
- Prospecção de novos negócios.
- Informações de mercado/pesquisa.
- Requisitos e expectativas de clientes.
- Exposição em eventos.
- Clientes-alvo e exposição do produto.

▶ **Processo de Vendas**

saídas:
- Eventos fechados.
- Diárias vendidas.
- Contatos e afirmação da marca.
- Plano estratégico de vendas.
- Política de tarifas e comissões.

entradas:
- Informações de vendas.
- Requisitos e expectativa dos clientes.
- Dados gerais de disponibilidade.
- Política de tarifas e comissões.

▶ **Processo de Reservas**

saídas:
- Reservas efetivas.
- Controle de ocupação e venda.
- Informações para áreas.
- Gerenciamento de sistema de reservas.
- Tradução dos requisitos dos clientes.

O que são Atividades?

Um processo, como foi exposto anteriormente, é composto por uma ou mais atividades. A atividade é responsável por transformar parte das entradas em resultados parciais que auxiliarão no alcance do objetivo final do processo. É importante salientar que um processo pode ser composto de várias atividades e que estas podem ser executadas por departamentos ou setores distintos dentro da organização.

1. Gestão por Processos

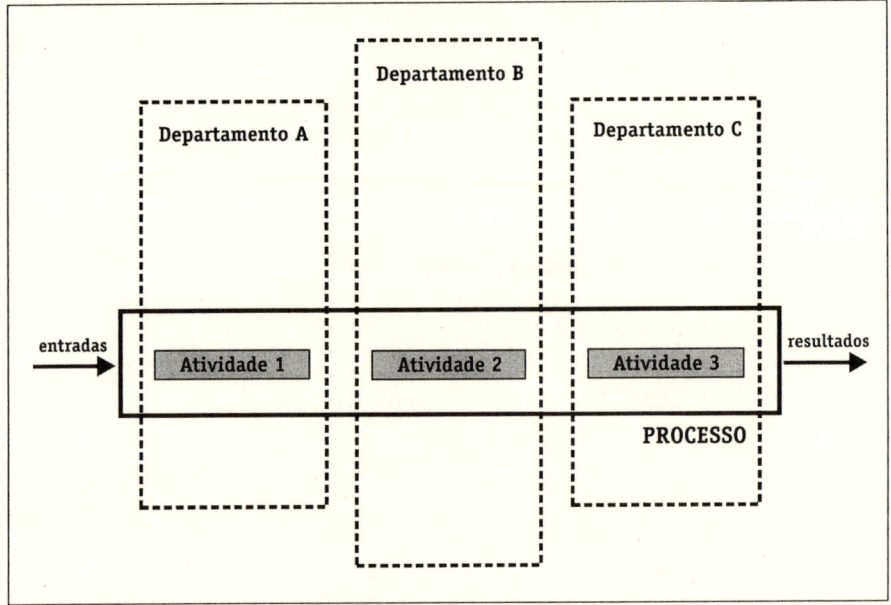

O **Mapeamento de Processos** consiste em definirmos quais processos compõem o sistema de gestão organizacional adotado e quais são seus objetivos principais.

Para você entender bem este conceito, veja o exemplo a seguir. Imagine um hotel que possua seis principais processos:
- captação de clientes;
- efetivação de reservas;
- recepção de hóspedes;
- hospedagem;
- saída dos hóspedes;
- pós-vendas.

Cada um destes processos é composto por uma série de atividades que são interligadas e interdependentes. A efetivação de reservas é alimentada por entradas oriundas da captação de novos clientes e gera saídas para o processo de recepção dos hóspedes e assim por diante.

1. Gestão por Processos

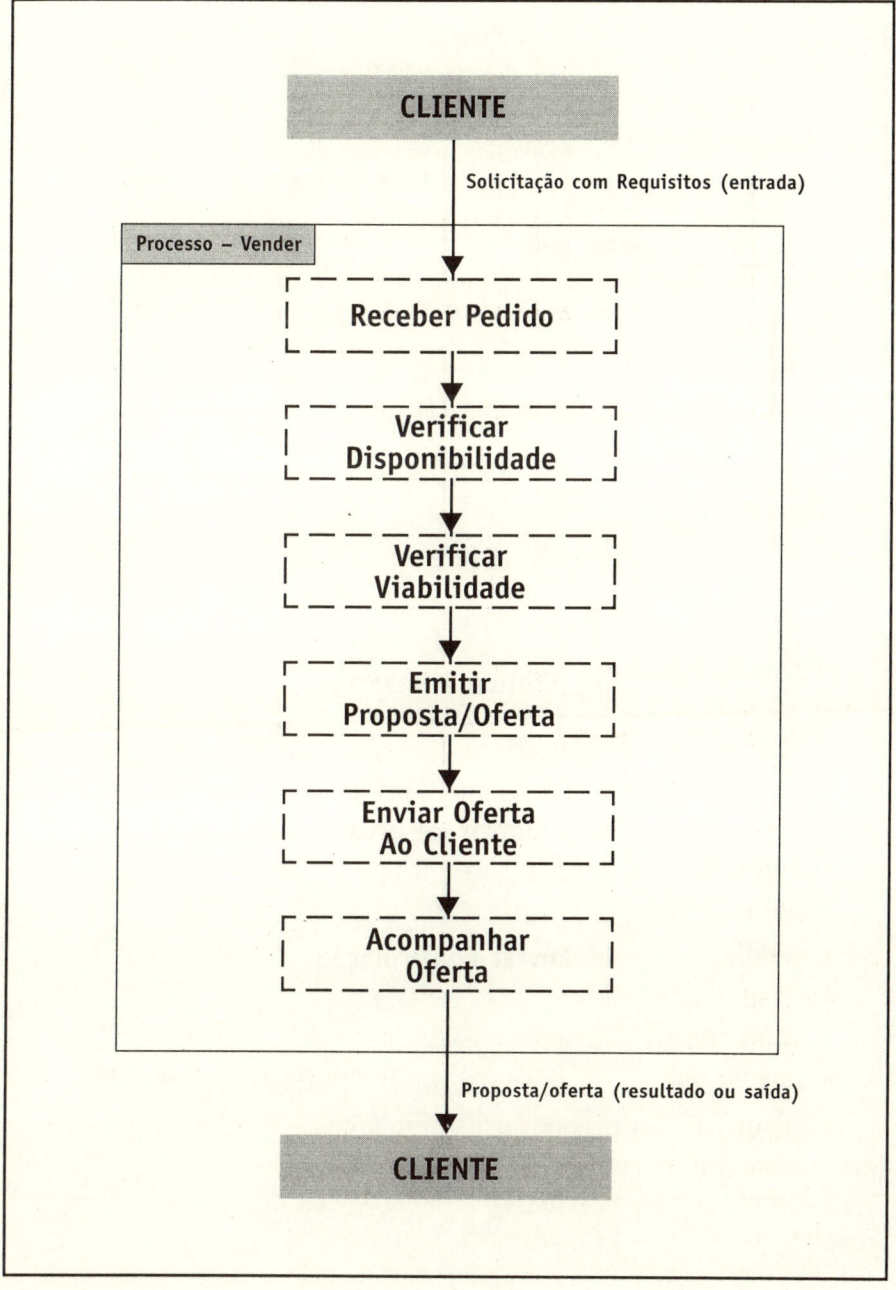

1. Gestão por Processos

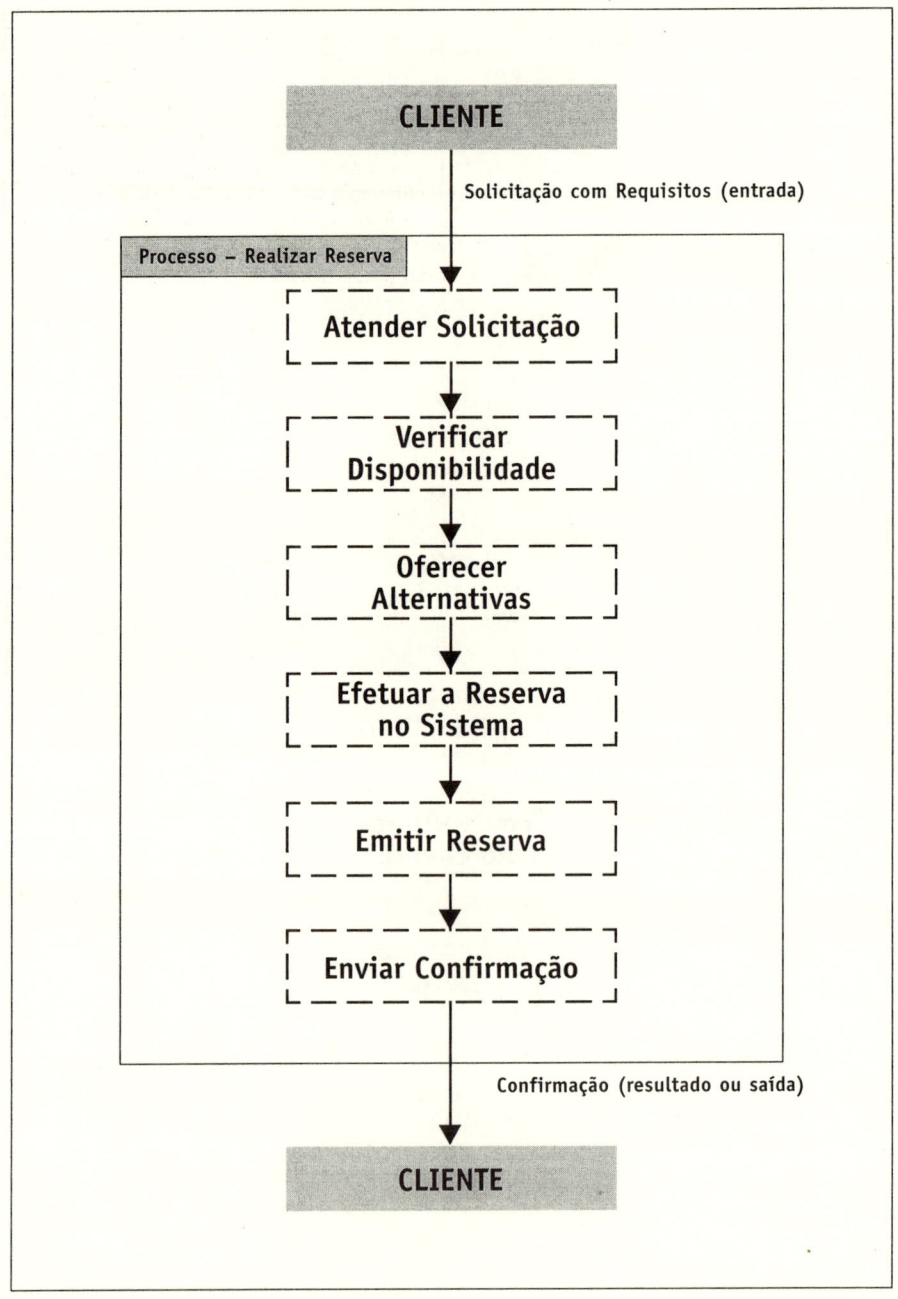

Tipos de Processos

Os processos podem ser classificados basicamente em três categorias principais:

- **Processos Estratégicos;**
- **Processos Orientados aos Clientes – POC's** ou **Processos-chave;**
- **Processos de Suporte ou Apoio.**

1. Gestão por Processos

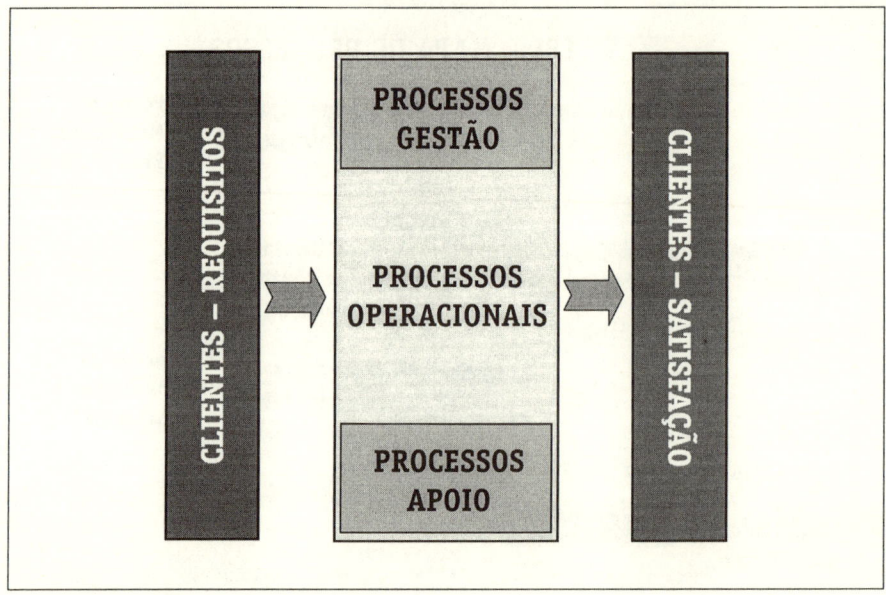

Processos Estratégicos

São processos voltados à gestão estratégica da organização. São aqueles que definem as diretrizes e os rumos para onde a empresa deverá seguir e orientar seus objetivos. São exemplos de processos estratégicos:

- Planejamento Estratégico Organizacional ou *Business Plan*;
- Gestão de Pessoas e Recursos;
- Monitoramento da Gestão (*Balanced Score Card*, por exemplo);
- Comunicação Interna (com colaboradores) e Externa (com clientes e parceiros).

Processos Orientados aos Clientes – POC's ou Processos-chave

São processos que geralmente são geradores de produtos ou serviços para os clientes externos – aqueles que pagam a conta. São

processos que têm necessariamente uma forte conotação por agregar valor ao produto/serviços ofertados. Alguns exemplos:
- captação de clientes;
- efetivação de reservas;
- recepção de clientes;
- processo de atendimento a solicitações *(hotline)*;
- hospedagem;
- serviços de alimentação;
- serviços de eventos e lazer;
- pós-vendas.

Processos de Suporte ou Apoio

Como o próprio nome demonstra são processos que dão suporte à realização dos demais. Sem eles, provavelmente, os processos-chave não teriam o mesmo desempenho. São processos necessários, porém que muitas vezes não agregam valor direto à cadeia de execução do produto ou serviço vendido. Alguns exemplos:
- administração de pessoal e capacitação;
- manutenção de equipamentos e predial;
- tecnologia da informação;
- administração contábil/financeira;
- contas a pagar/receber;
- compras;
- auditorias;
- segurança.

O esquema a seguir representa um exemplo de mapeamento de processos e atividades de um hotel. Repare que a entrada principal são os requisitos dos clientes e a saída principal é o atendimento destes requisitos (medidos pela satisfação dos clientes/lealdade/retenção/fidelidade).

1. Gestão por Processos

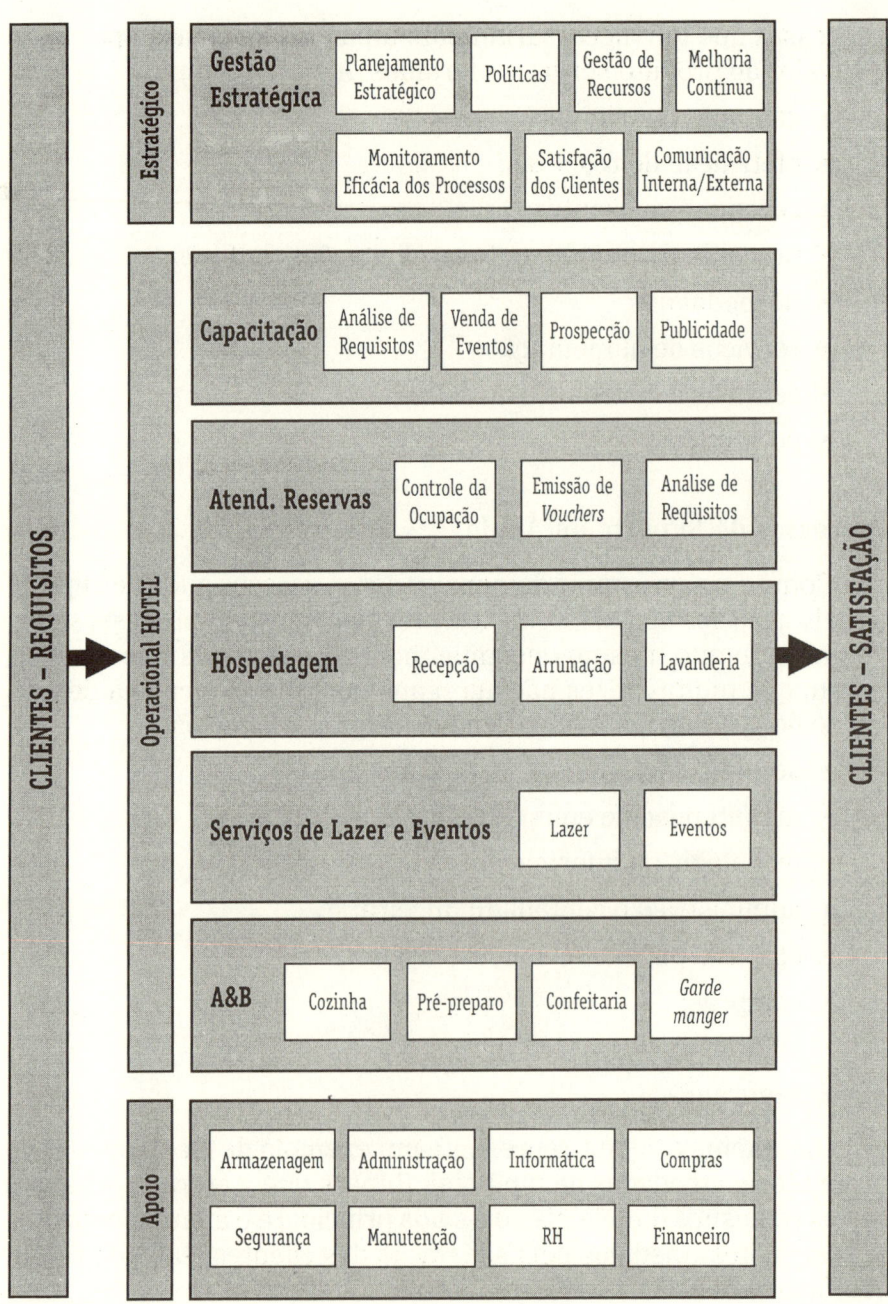

Exercício Prático: Definição de Processos

Para uma organização conhecida (hotel, agências de viagens, etc.), defina quais são seus principais processos, em função de suas atividades principais.

Tipo de Processo	Nome do Processo
Estratégicos	
POC's	
Apoio	

Quem é o Comandante de Cada Processo?

O comandante do processo, denominado muitas vezes de "dono" do processo, ou, como eu prefiro chamar, coordenador, é aquele que tem a responsabilidade de gerenciar as atividades principais do processo e é o responsável por direcionar as ações para obtenção dos resultados planejados. O "dono" do processo não necessariamente deve ser o principal envolvido com as atividades.

Como o papel do "dono" está intimamente ligado com a coordenação e com o acompanhamento dos resultados, muitas vezes torna-se interessante ter um "dono" que não esteja totalmente envolvido com o processo, mas que tenha condições de auxiliar a equipe na busca de melhores soluções e estratégias.

Quem é o Cliente do Processo?

O cliente do processo deve ser determinado para que haja um perfeito foco na definição de seus objetivos. Basicamente existem três possíveis tipos de clientes, quais sejam:

- *clientes externos* – geralmente aqueles que pagam pelo produto ou serviço recebido;
- *clientes internos* – outros processos que recebem informações e agregam algum tipo de valor;
- *clientes corporativos* – aqueles que são envolvidos indiretamente nas atividades ou nos resultados, tais como acionistas, investidores, gestores, etc.

Ao iniciarmos o mapeamento de um processo é fundamental que todos os clientes sejam identificados, e que seus requisitos fiquem registrados. Lembre-se de que os requisitos podem variar de cliente para cliente. Por exemplo, um hóspede de lazer possui anseios distintos de um hóspede de negócios.

O Bom e Velho PDCA?

A *Gestão por Processos* se baseia no conceito *Plan-Do-Check-Act*, ou **PDCA**, como é mundialmente conhecido.

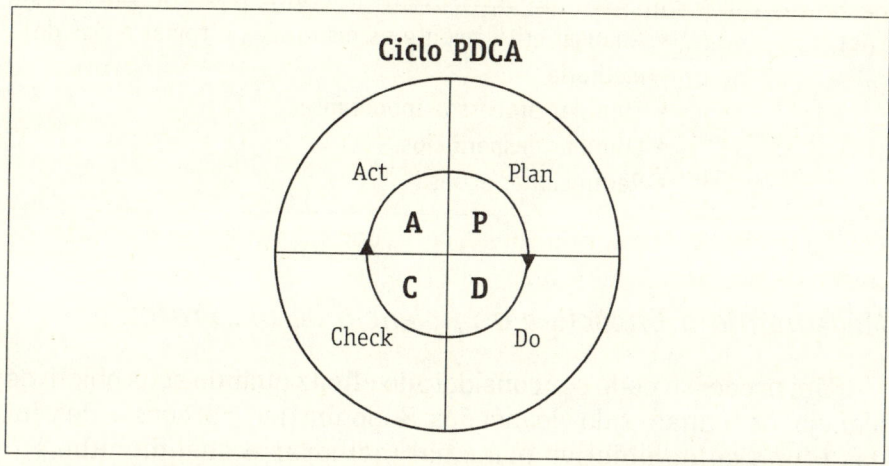

Criado originalmente por Walter Shewhart, o pioneiro na implantação de sistemas estatísticos na Bell Laboratories dos EUA na década de 1930, o método só ganhou fama mesmo 20 anos depois quando foi utilizado como pilar da "Gestão da Qualidade" pelo seu usuário mais famoso – W. Edward Deming. O **PDCA** é aplicado para garantir que um processo de melhoria contínua seja realmente efetivado. Cada processo identificado no mapeamento inicial deve passar pelo ciclo de planejamento (Plan), execução ou realização (Do), monitoramento (Check) e as ações de melhoria (Act). Cada uma destas etapas tem objetivos particulares, conforme tabela abaixo:

Plan	• Identificar os processos. • Definir dono e objetivos. • Definir entradas e saídas. • Definir atividades principais. • Definir competências e treinar os envolvidos.

Do	• Implementar os processos e suas ações planejadas.
Check	• Monitorar os resultados. • Acompanhar tendências. • Verificar indicadores.
Act	• Analisar criticamente os resultados e tomar ações de melhoria. • Eliminar processos inoperantes. • Eliminar desperdícios. • Redirecionar ações.

Mensurando a Eficácia e a Eficiência de um Processo

Um processo pode ser considerado **eficaz** quando seus objetivos planejados tenham sido alcançados. Suponha que o processo de vendas tenha como objetivo principal melhorar o desempenho em faturamento de um determinado produto na ordem de 10% no período analisado de um ano. Após este lapso temporal, o processo de vendas é mensurado e verificamos que realmente houve um acréscimo de 10% de faturamento em relação ao suposto produto. Logo, atendeu-se ao inicialmente planejado, e conseqüentemente podemos taxar o processo de eficaz.

Entretanto, muitas vezes, isto pode ser um tremendo engodo. Imagine que, para cumprir com o objetivo de aumentar em 10% o faturamento do produto previsto, a equipe de gestão do processo de vendas, investiu todo o seu recurso, preteriu alguns outros produtos, perdeu outros mercados, aumentou tremendamente seus custos operacionais, de modo que os frutos do acréscimo em 10% podem ser inócuos e transformarem-se em prejuízo para o negócio.

Entra assim o conceito de **eficiência**, ou seja, a avaliação se o objetivo foi realmente alcançado e uma análise crítica de quais recursos foram consumidos. A relação entre o planejado versus o alcançado e com qual recurso é definida como **Eficiência do Processo**.

O volume de recursos e a forma de controle do processo devem estar definidos em documentos ou procedimentos, de modo que o mesmo possa ser monitorado.

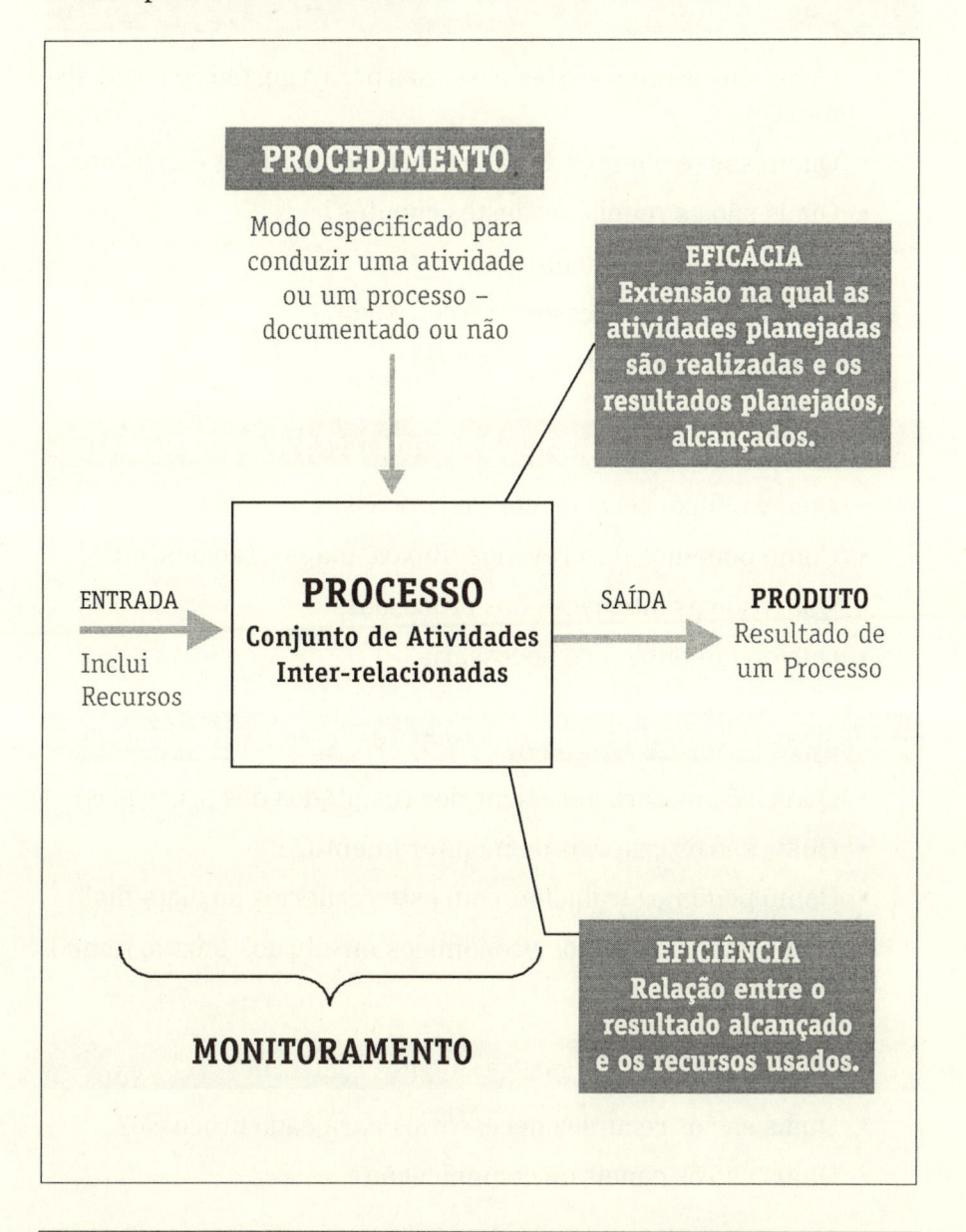

PROCEDIMENTO
Modo especificado para conduzir uma atividade ou um processo – documentado ou não

EFICÁCIA
Extensão na qual as atividades planejadas são realizadas e os resultados planejados, alcançados.

ENTRADA → **PROCESSO** Conjunto de Atividades Inter-relacionadas → SAÍDA → **PRODUTO** Resultado de um Processo

Inclui Recursos

MONITORAMENTO

EFICIÊNCIA
Relação entre o resultado alcançado e os recursos usados.

Passos Para Mapear os Processos

Passo 1 – Identifique os Processos

- Quais são os processos necessários para a gestão de nosso sistema?
- Quem são os clientes de cada processo (internos e externos)?
- Quais são os requisitos destes clientes?
- Quem é o "dono" do processo?
- Algum destes processos é terceirizado?
- Quais são suas entradas e saídas?

Passo 2 – Determine a seqüência/interação dos processos

- Qual é o fluxo geral de nossos processos?
- Como podemos descrevê-los (fluxos, mapas, tabelas, etc.)?
- Quais são as interfaces dos processos?
- Que documentação é necessária?

Passo 3 – Determine o método de controle dos processos

- Quais são as características dos resultados dos processos?
- Quais são os critérios de monitoramento?
- Como podemos trabalhar com estes critérios no dia-a-dia?
- Quais são os aspectos econômicos envolvidos (custo, tempo, perdas, etc.)?

Passo 4 – Providencie os recursos necessários

- Quais são os recursos necessários para cada processo?
- Quais são os canais de comunicação?

- Como podemos fornecer informações?
- Como obter feedback?
- Quais dados precisam ser coletados?
- Que registros devemos manter?

Passo 5 – Acompanhe e analise os processos

- Como podemos monitorar sua performance?
- Que indicadores serão necessários?
- Como podemos analisar as tendências?
- Que conclusões tiramos?

Passo 6 – Agir e melhorar

- Como podemos melhorar os processos?
- Quais ações corretivas e preventivas são necessárias?
- Estas foram implementadas?
- Foram eficazes?

Check-Up do Mapeamento de Processos

A **Gestão por Processos**, quando aplicada de modo efetivo, gera enormes resultados. Para que isto seja possível, faz-se necessário que uma série de questões seja debatida e respondida antes de qualquer coisa. É recomendável que as respostas sejam dadas não somente pelo "dono" do processo, mas também sejam envolvidos os coadjuvantes do cenário onde o processo acontecerá. Se estivermos falando de um processo orientado ao cliente, muitas vezes, será necessário ouvir este cliente e sentir suas opiniões. Um sistema de pesquisa de percepções dos clientes poderá ser utilizado. A seguir, apresentamos um *checklist* para facilitar este trabalho inicial. Responda às questões da forma mais isenta possível. Pesquise, levante dados, envolva outras pessoas. Este é um passo importante e deve ser trabalhado com muito cuidado.

CHECKLIST PARA MAPEAMENTO DE PROCESSOS
1. Quais são os processos identificados? (Classificar como POC's, gestão ou apoio?)
2. Quem são os clientes de cada processo (internos, externos ou corporativos)?
3. Quais são os requisitos destes clientes?

1. Gestão por Processos

4. Quem é o "dono" de cada processo?
5. Existem processos subcontratados ou terceirizados? ( ) SIM   ( )NÃO Mencionar qual(is):
6. Quais são as principais entradas de cada processo?
7. Quais são as principais saídas de cada processo?

8. Quais são as interações entre cada processo? (Avalie as interfaces.)

9. Os processos estão documentados? Qual é o nível de detalhamento?

10. Quais são os objetivos planejados para cada processo e quais são os resultados esperados?

11. Como os processos serão monitorados?

12. Quais são os recursos planejados para a execução do mesmo?

13. Quais são os dados relevantes para análise do desempenho de cada processo e quando devemos coletá-los?

14. Como iremos registrar o seu desempenho?

15. Quais indicadores serão utilizados?

16. Quem será o responsável por acompanhar os dados?

17. Quais são as atividades contidas dentro de cada processo?

18. Qual o *status* atual do processo?

19. Quais melhorias pretendemos inserir e em que prazo?

2

Planejando o Negócio

Plano de Negócios

Após a definição dos processos de nosso negócio, é preciso colocar algumas idéias em ordem. Planejar é a palavra mágica no mundo dos negócios. Trabalhar com cenários sempre foi muito importante para a orientação dos investimentos e das ações de médio e longo prazo. Qualquer organização, seja um hotel, seja uma agência de viagens, seja uma entidade de classe ou até a sua empresa, deve projetar um planejamento estratégico. Se preferir, você pode chamar de Plano de Negócios. Não passa de uma avaliação crítica do seu negócio e de tendências futuras. O *Plano de Negócios* deve ser eminentemente participativo. Cansei de ver empresas que encomendam o tal plano de uma consultoria, e ao recebê-lo fecham-no a sete chaves, preservando assim sua confidencialidade. Ora, como um plano estratégico pode dar certo se ele é mantido a distância daqueles que decidem a operação do dia-a-dia? O plano deve refletir os pensamentos e anseios da organização e trazer ações possíveis de serem realizadas e que agreguem valor no cotidiano do segmento de sua atuação.

O plano não precisa ser complexo nem de difícil entendimento. Aqui vale aquela máxima: "É melhor um plano bom e executável do que um excelente e inviável." Planejar é olhar para o passado e para o presente e definir o futuro. Os cenários devem ser traçados. Nesta área, convém que pelo menos três situações sejam consideradas. Na primeira delas, levamos em conta o *Cenário Otimista*, ou seja, partimos do princípio de que as coisas boas irão acontecer. Em uma segunda análise, fria e dura, analisamos o *Cenário Pessimista*, onde todas as situações negativas vingam. E, para finalizar, que tal um *Cenário Moderado*, composto por situações intermediárias, nem tanto positivas nem tanto catastróficas?

> **Exemplo Hotelaria**
>
> **Cenário Otimista:**
> - Haverá aumento das taxas de ocupação.
> - Haverá aumento das diárias médias.
> - Haverá redução da tributação do setor.
> - Captaremos novos nichos de mercado.
> - Aumentará a captação de recursos.
>
> **Cenário Pessimista:**
> - Um novo concorrente está chegando.
> - Inflação em alta.
> - Diminuição da demanda.
> - Aumento crescente da oferta hoteleira.
> - Aumento de custos operacionais.
> - Aumento de impostos.

É evidente que cada um dos cenários deve ser tratado e definido com base na gama de informações disponíveis no momento. Planejar é a arte de colher informações e saber decidir sobre elas. Quanto maior for o grau de informação, maiores serão as chances de que seu planejamento conduza sua organização ao rumo correto.

A Definição do Negócio

O primeiro passo para estabelecer uma estratégia adequada é a definição clara de qual é o seu negócio. Isto aparentemente pode estar claro para você leitor, mas vale a pena enfatizar que a definição de negócio está ligada diretamente ao perfil de seus clientes. O que faz com que os clientes comprem de sua organização? O que faz com que eles voltem ao seu hotel ou à sua agência de viagens? O que faz com que eles prefiram sua companhia aérea ou de transportes? Toda esta filosofia pode parecer uma tremenda bobagem e uma perda de tempo (e muitas vezes é mesmo), entretanto, se fizermos deste exercício um repensar organizacional, caminharemos a resultados interessantes.

Segundo Peter Drucker, o negócio não deve ser definido pelo produtor, mas sim pelo consumidor. Vejamos o exemplo de um hotel. Se eu perguntar a você qual é a natureza do negócio de um hotel, provavelmente você responderá: hospedar, alimentar, divertir, etc. Teoricamente, estas são funções importantes de um hotel, mas a definição de negócio vai muito além disto. Vamos aprofundar mais este debate.

Em sua opinião, o que o cliente compra de um hotel? O que faz com que ele se hospede no *IBIS*, ou no *RITZ CARLTON*, ou no *ASSI PALACE*, ou em outro qualquer? Todos oferecem hospedagem, alimentação e, em muitos casos, até diversão? Todos são iguais? Todos estão no mesmo negócio? Claro que não.

A definição de negócio para cada um deles pode ser diferente. O cliente compra na verdade valor agregado. O valor agregado do *IBIS* é um conjunto composto por padrão, conforto relativo, informalidade e *PREÇO*. Já no *RITZ CARLTON*, o negócio é a qualidade do serviço. Eles ganham dinheiro fazendo excelência. Já o *ASSI PALACE*, pequeno hotel para quem viaja a negócios, lá de Mirassol – interior de São Paulo – definiu o seu negócio como sendo "sinta-se em casa". Você toma café da manhã com o dono, o recepcionista sabe o seu nome, o mensageiro brinca com seu filho, etc. Então, qual será o negócio de sua organização?

Você pode traduzir a definição de negócio em duas palavras mágicas:

- **Missão.**
- **Visão.**

A **missão** é a razão existencial da organização. É o motivo maior de sua atuação no mercado. Já a **visão** nos remete ao futuro, aonde queremos chegar, como queremos ser reconhecidos.

Exemplo:

MISSÃO – *Fornecer serviços de hospedagem e alimentação, atendendo às necessidades de nossos clientes, com lucratividade.*

VISÃO – *Ser a melhor opção em hospedagem e alimentação de nossa região.*

Defina qual é (ou qual será) o principal Negócio de sua organização.

2. Planejando o Negócio

Ambiente Externo – Oportunidades e Ameaças

Ao traçarmos os cenários para a execução de nosso plano de negócios, faz-se necessário que sejam observadas as *oportunidades* e as *ameaças* em cada um deles. Em um cenário otimista, existirão oportunidades e ameaças que devem ser definidas e planejadas. O mesmo irá ocorrer nos cenários pessimista e intermediário. Após o atentado de 11 de setembro, um novo rumo foi traçado no mundo do turismo. Os planejamentos foram refeitos. Para cada um dos cenários traçados na época, existiam oportunidades e ameaças. O turismo mundial foi desviado para outros continentes que não o americano. O tempo passou e aconteceu o 11 de março. E o planejamento foi alterado novamente. Alguns segmentos aproveitaram mais uma vez as oportunidades da situação. As ameaças devem ser tratadas preventivamente.

Exemplo

Oportunidades:

- Existe um novo potencial de mercado.
- Nosso concorrente possui uma fraqueza conhecida.
- O cenário aponta para um crescimento dos negócios.
- Existe uma demanda reprimida.

Ameaças:

- Um novo concorrente está chegando.
- Os impostos devem aumentar.
- Perda de isenção de impostos.
- Falta de recursos.
- Deterioração das estruturas.

Uma **organização competitiva** é aquela que consegue transformar **ameaças** em **oportunidades**. É aquela que consegue reagir rapidamente, que deixa as crises para trás e segue a caminho do futuro planejado.

Ambiente Interno – Pontos Fortes e Fracos

Em um ambiente interno à organização, é necessário fazer uma reflexão quanto aos pontos fortes e fracos que o negócio possui. Esta é uma tarefa árdua, pois há a necessidade de uma auto-avaliação, o que nem sempre é muito fácil de ser feita. Devemos deixar o ego de lado e realizar esta análise com olhar muito crítico. A avaliação de nossos pontos fortes deve ater-se a tudo aquilo que agrega valor em nosso serviço ou produto, que agrega valor perante nossos clientes. Os pontos fracos devem ser avaliados através de uma observação da concorrência. O que eles fazem de melhor? Ou, onde deixamos a desejar? O que pode ser melhorado?

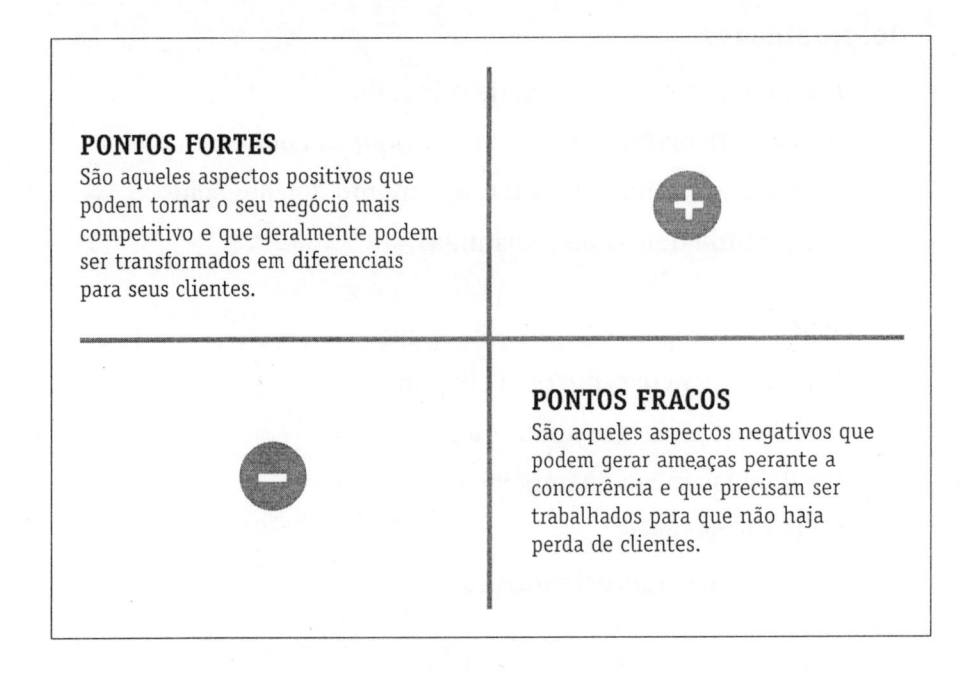

PONTOS FORTES
São aqueles aspectos positivos que podem tornar o seu negócio mais competitivo e que geralmente podem ser transformados em diferenciais para seus clientes.

PONTOS FRACOS
São aqueles aspectos negativos que podem gerar ameaças perante a concorrência e que precisam ser trabalhados para que não haja perda de clientes.

Definindo os Ambientes Externos e Internos

Nas próximas páginas, você encontrará alguns formulários que facilitam e criam um método para levantamento dos cenários externos e internos da organização. Você poderá, como exercício, preenchê-los, avaliando uma determinada organização conhecida. Ao final do trabalho, você deverá ter definido:

1. quem são os **clientes** desta organização;
2. quem são seus **concorrentes**;
3. quais são seus **pontos fortes** e **fracos**;
4. quais são os **pontos fortes** e **fracos** de seus **concorrentes**;
5. qual é o **cenário otimista** que espera esta organização nos próximos 12 meses e quais **oportunidades** e **ameaças** serão eminentes neste caso;
6. o mesmo raciocínio anterior para o **cenário pessimista**.

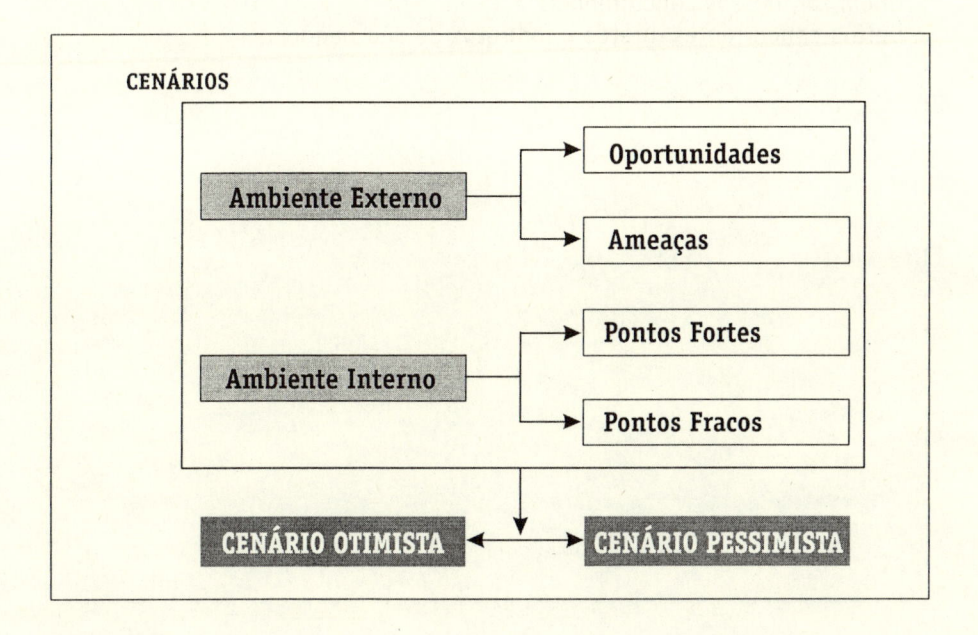

Defina a seguir quem são seus clientes.
Procure identificar segmentos de mercado, tipos de hóspedes, empresas, agências, operadoras, etc.

Quem são nossos concorrentes?
Defina concorrentes diretos e indiretos do seu negócio.

Defina os pontos fortes e fracos de sua organização.

Pontos Fortes

Pontos Fracos

Concorrentes – Defina os pontos fortes e fracos de seus concorrentes.

Pontos Fortes

Pontos Fracos

	Cenário Otimista	Cenário Pessimista
Oportunidades		
Ameaças		

2. Planejando o Negócio

	+ Pontos Fracos	+ Pontos Fortes
+ Ameaças		
+ Oportunidades		

Análise Externa ↑ / Análise Interna →

Classifique sua Organização

Observando a quantidade de pontos fortes, fracos, ameaças e oportunidades avaliadas por você, em que quadrante seu hotel estaria hoje?

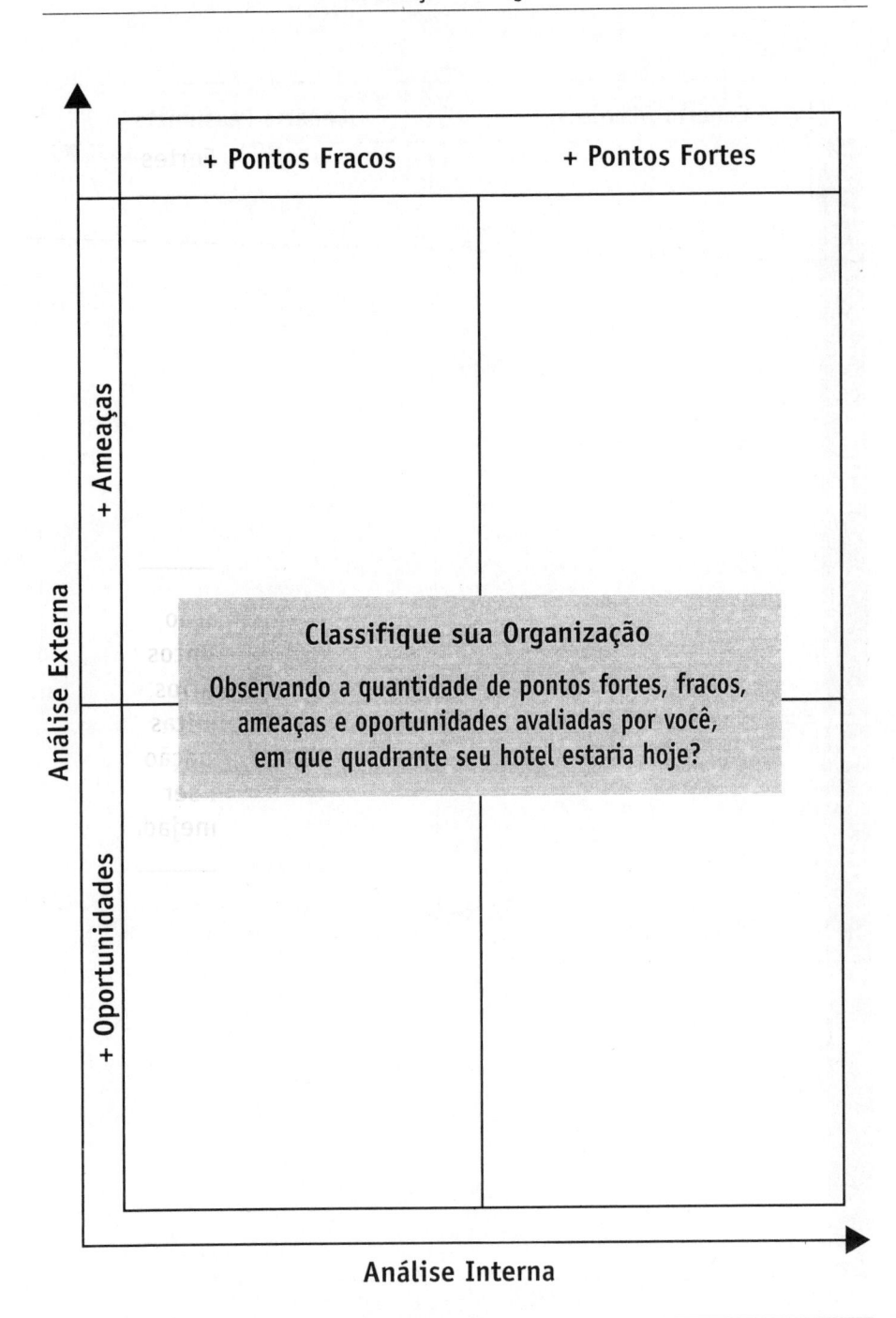

2. Planejando o Negócio

```
                    + Pontos Fracos         + Pontos Fortes

      + Ameaças         SOBREVIVÊNCIA
Análise
Externa
                                          ┌─────────────────────────┐
                                          │  Se sua organização     │
                                          │  possui muitos pontos   │
                                          │  fracos, e os cenários  │
                                          │  apontam para muitas    │
                                          │  ameaças, SUA situação  │
                                          │  é crítica e deve ser   │
                                          │  imediatamente planejada!│
                                          └─────────────────────────┘

      + Oportunidades


                              Análise Interna
```

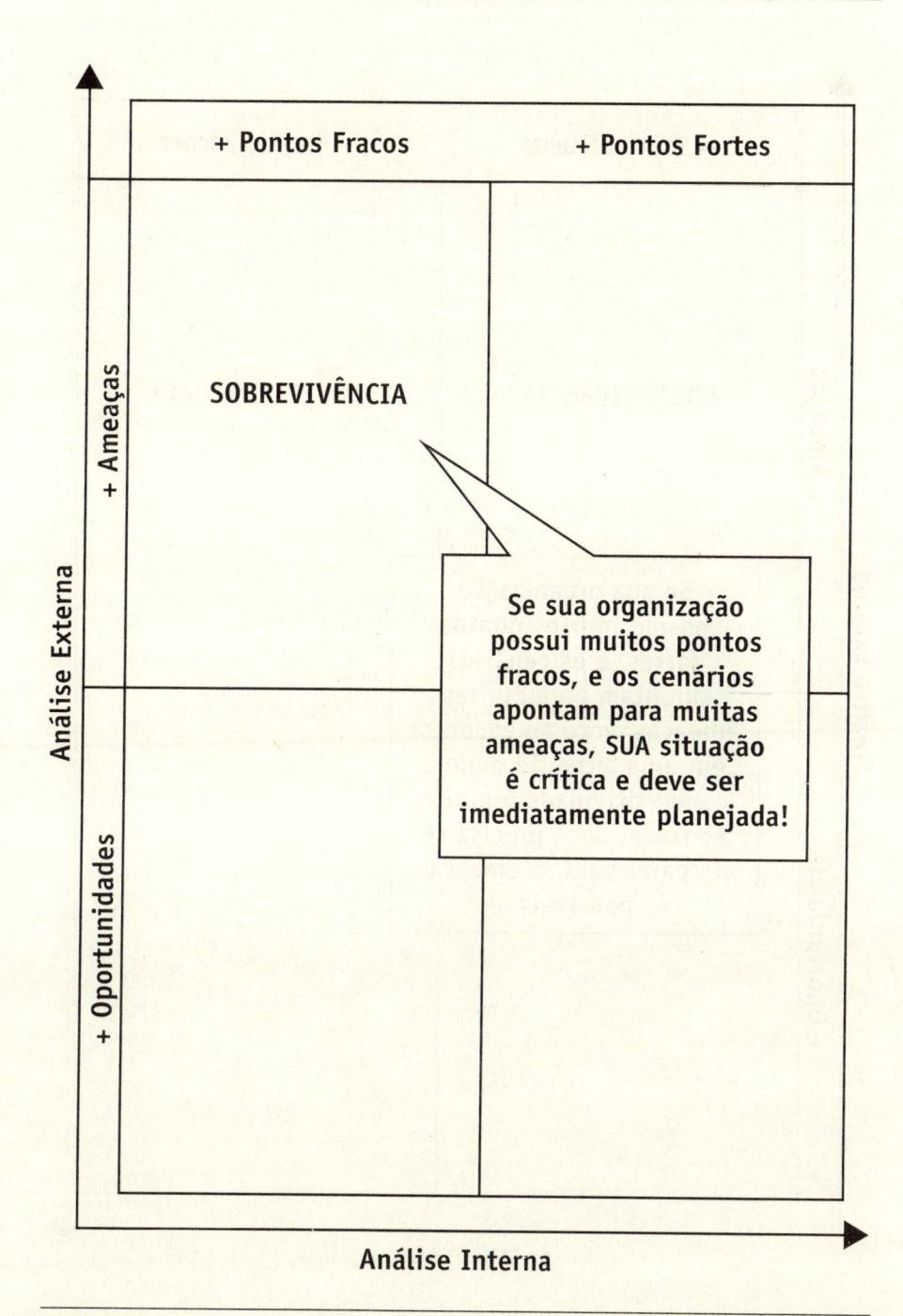

	+ Pontos Fracos	+ Pontos Fortes
+ Ameaças	SOBREVIVÊNCIA	COMPETITIVIDADE
+ Oportunidades		

Análise Externa ↑ / *Análise Interna* →

> Se sua organização possui muitos pontos fortes, e os cenários apontam para muitas ameaças, você se encontra em uma situação onde a competitividade é muito acirrada. Você precisa se preparar para as ameaças possíveis.

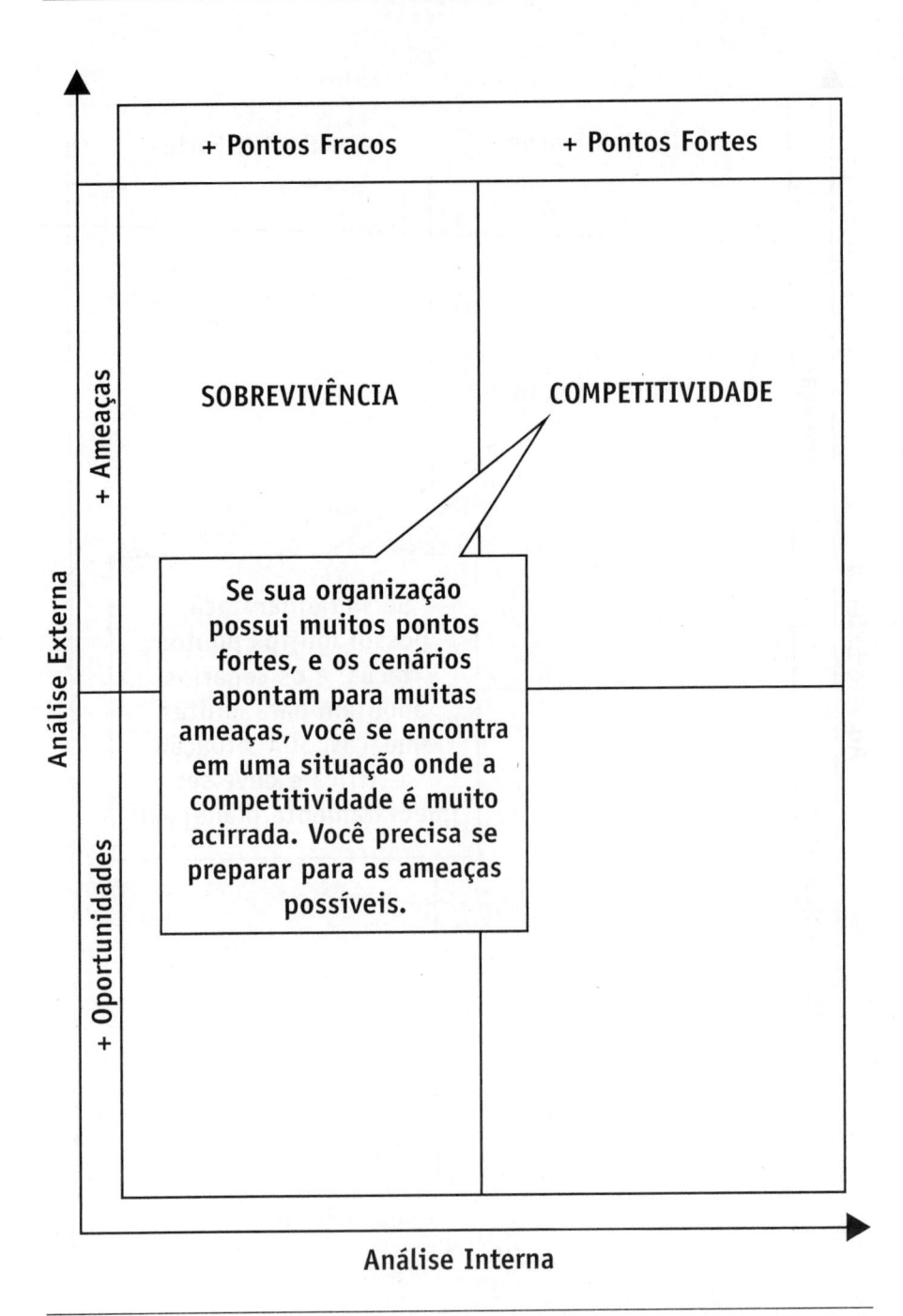

2. Planejando o Negócio

	+ Pontos Fracos	+ Pontos Fortes
+ Ameaças	SOBREVIVÊNCIA	COMPETITIVIDADE
+ Oportunidades	RENOVAÇÃO	

Análise Externa (eixo vertical) / *Análise Interna* (eixo horizontal)

> Com muitos pontos fracos, e com um cenário de oportunidades, este é o momento ideal para que a organização possa ser renovada, de modo a garantir que as oportunidades serão revertidas em negócios.

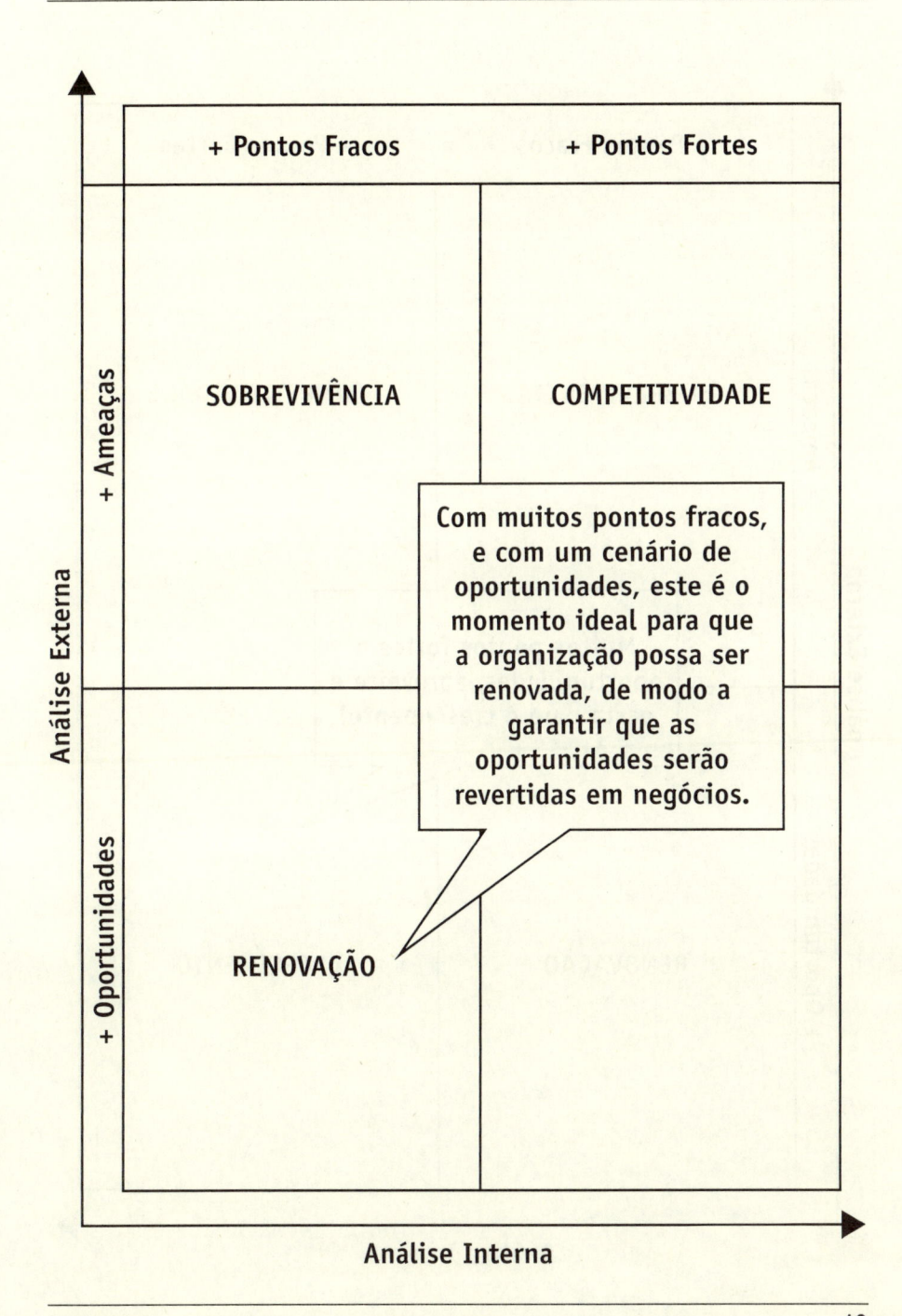

	+ Pontos Fracos	+ Pontos Fortes
+ Ameaças (Análise Externa)	SOBREVIVÊNCIA	COMPETITIVIDADE
+ Oportunidades	RENOVAÇÃO	CRESCIMENTO

Análise Interna

> Muitos pontos fortes e oportunidades, aproveite e parta para o crescimento!

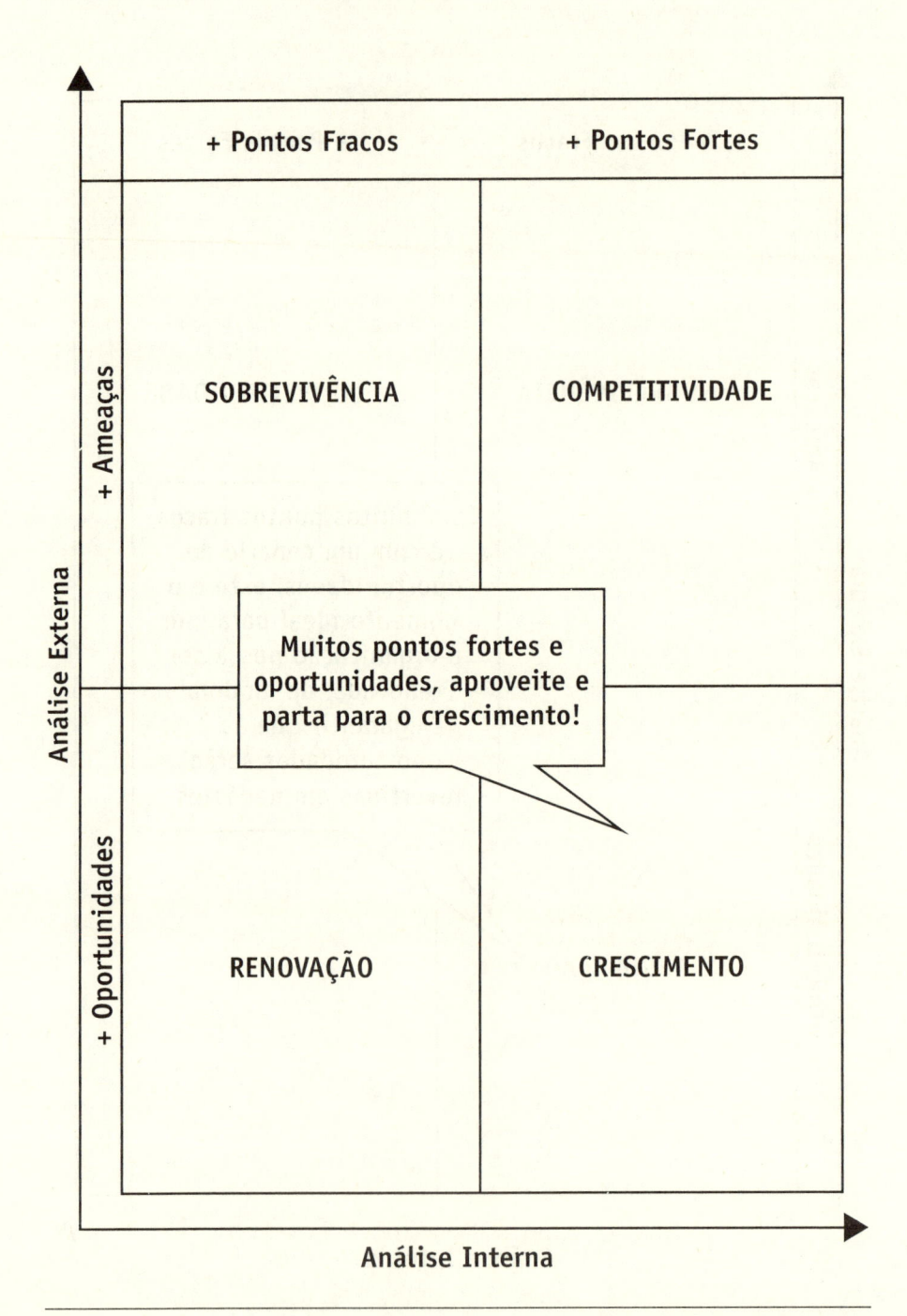

3

Análise dos Cenários – Tendências

Análise de Cenários – Os Números do Setor

O planejamento estratégico do negócio depende diretamente de uma análise profunda do cenário atual, do passado e do futuro. É fundamental que os resultados do setor sejam avaliados minuciosamente a fim de que uma conclusão coerente seja obtida. Um dos maiores problemas em relação a esta análise é que, muitas vezes, há falta de dados confiáveis, o que torna este trabalho um desafio. A **Embratur** publica todos os anos o **Anuário Estatístico** que apresenta os principais indicadores de desempenho relativos ao turismo nacional e internacional.

Outro estudo, **Evolução do Turismo no Brasil 1992-2002**, também publicado pela Embratur, com dados provenientes da OMT, traça um paralelo na evolução em dez anos do desempenho do setor. A seguir, comentamos alguns destes indicadores, que são fortes norteadores do planejamento estratégico do segmento do turismo e da hotelaria.

1. O Vai-e-vem dos Turistas

O número de turistas viajantes no mundo passou de 503,4 milhões em 1992 para 714,6 milhões em 2002, um aumento de mais de 40%. Este número vem subindo ano a ano, com exceção de 2001 (lembram-se do 11 de setembro?) em que houve queda de 0,46% em relação a 2000.

Já no Brasil, o número de turistas passou de 1,7 milhão em 1992 para 3,8 milhões em 2002. Apesar de este número apresentar um aumento significativo, se compararmos este resultado com o desempenho mundial, veremos que apenas 0,53% da população viajante mundial escolhe o Brasil como destino – um resultado ruim para quem quer fazer do turismo fonte de renda e de geração de empregos.

Chegada de Turistas no Mundo

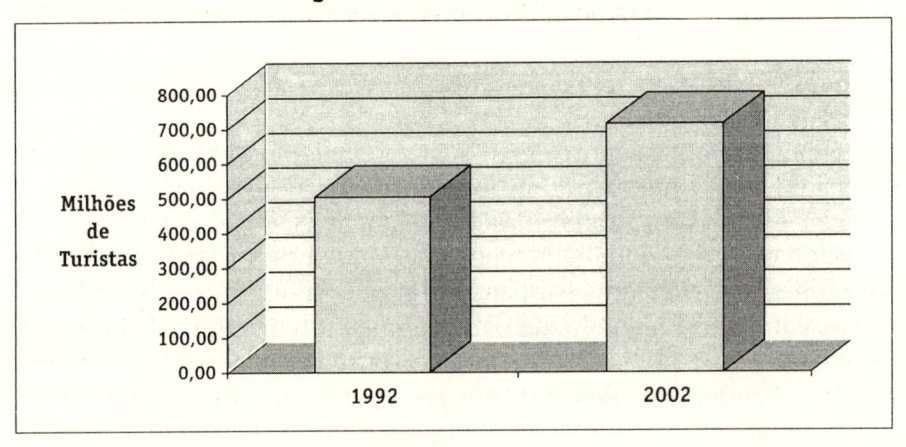

(Gráfico: Milhões de Turistas — 1992: ~500; 2002: ~700)

Chegada de Turistas no Brasil

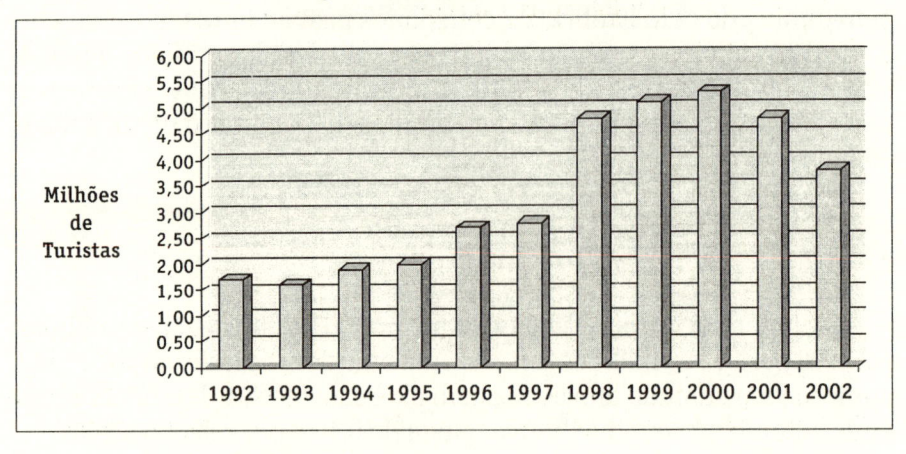

(Gráfico: Milhões de Turistas, 1992 a 2002)

Olhando nosso desempenho nos dez anos do período avaliado, veremos que os resultados de 2001 e 2002 apresentaram queda significante em relação ao nosso melhor desempenho, que ocorreu em 2000, onde alcançamos a marca de 5,3 milhões de turistas.

3. Análise dos Cenários – Tendências

Dados mais recentes divulgados pela Embratur apontam para um crescimento significativo destes números. Os desembarques de passageiros em vôos internacionais no primeiro trimestre de 2004 foi de 1,51 milhão, número 17,51% maior do que o atingido em 2003. Os desembarques de vôos *charters* cresceram 35%, com mais de 100 mil passageiros transportados[1], e 60% destes turistas desembarcaram na região Nordeste.

2. Onde Está o Dinheiro?

A receita cambial gerada pelo turismo é também um outro fator de relevante importância na análise do cenário do segmento. O gráfico a seguir mostra o desempenho do Brasil no período de 1992-2002 em relação a este indicador. Repare que a tendência de crescimento novamente foi interrompida em 2001, com uma queda em 2002 da ordem de 16%. Em relação ao desempenho mundial em 2002, o Brasil representa somente 0,64% da receita (U$ 3,1 bilhões contra U$ 483 bilhões).

Receitas Cambiais no Brasil

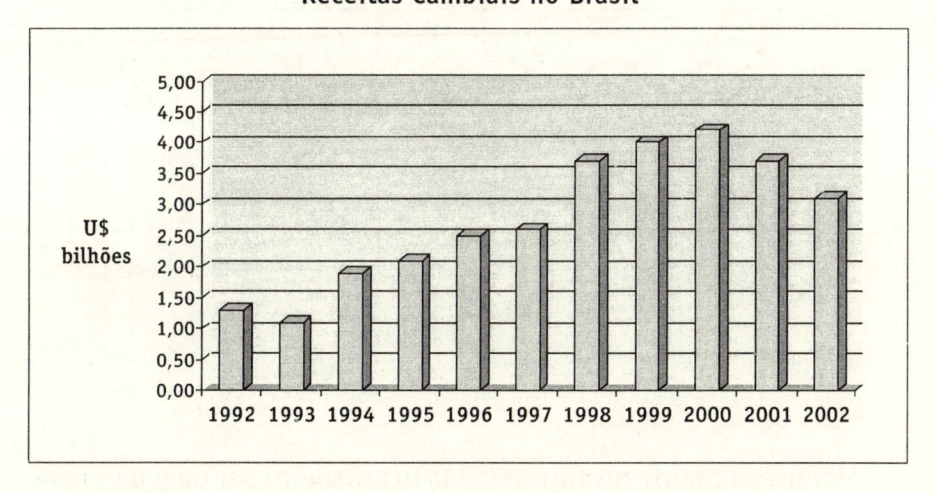

[1] Dados Embratur/Infraero – Maio/2004.

3. Análise dos Cenários - Tendências

3. Quais as Cidades Preferidas?

Na preferência dos estrangeiros que desembarcam no Brasil as cidades eleitas continuam sendo o Rio de Janeiro, São Paulo, Foz do Iguaçu, Salvador e Florianópolis. Analisando o gráfico abaixo, podemos observar as tendências em relação ao fluxo de turistas estrangeiros.

Cidades Visitadas pelos Estrangeiros

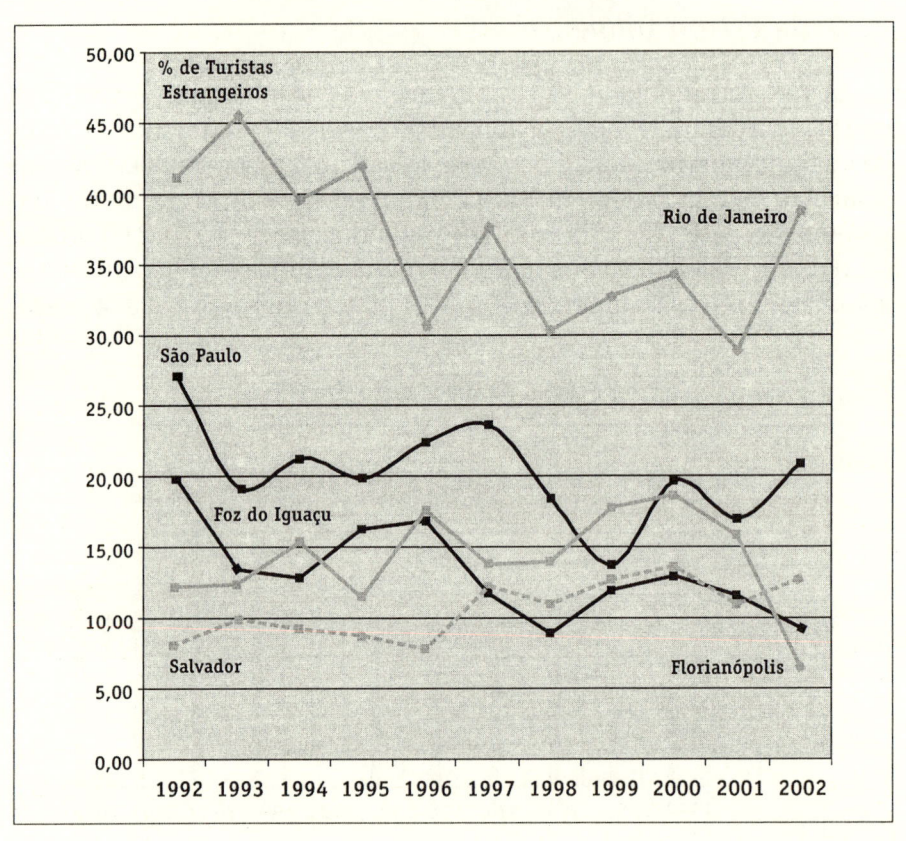

O Rio de Janeiro, portal de visitação brasileiro por décadas, após uma queda acentuada nos últimos anos, começa a dar um pequeno sinal de retomada de crescimento. Salvador é o destino que mantém a tendência anual de crescimento na captação de estrangeiros.

3. Análise dos Cenários – Tendências

Florianópolis, assim como Foz do Iguaçu, amarga também uma queda nos últimos anos, oriunda talvez da crise na Argentina.

4. Homens ao Mar...

Outra novidade no cenário turístico nacional é a crescente popularização dos cruzeiros marítimos. Considerados como "pedra no sapato" e concorrentes diretos do segmento de lazer (por exemplo, *resorts*), os cruzeiros em 2001 tiveram um aumento de 200% em relação ao número de navios de turismo que percorreram a costa brasileira. Este número continua crescendo.

5. Locadoras em Ascensão

Outro segmento do turismo que tem apresentado bons resultados é o de locadoras de veículos. Com uma frota de 178 mil veículos e com um número de usuários invejável de 8,3 milhões em 2002, o que representa um aumento de 62% em apenas quatro anos[2], o segmento emprega mais de 160 mil pessoas. Outro dado interessante do setor é a marca de 8% das compras de veículos produzidos pelas montadoras no país.

6. Segmento de Eventos

O **Ministério do Turismo**, a **Embratur** e a **Fundação Getúlio Vargas** realizaram uma pesquisa de desempenho do turismo em relação ao segmento de eventos e promotores de feiras. A pesquisa[3], efetuada no primeiro trimestre de 2004, apresenta as perspectivas do segmento em relação ao cenário atual do mercado em análise. De acordo com os entrevistados, os maiores entraves do setor de eventos dizem respeito à falta de patrocinadores (49% das respostas) e à

---

[2] Referência Embratur – Maio/2004.
[3] Vide Boletim Desempenho Econômico do Turismo – Eventos – www.embratur.gov.br.

escassez de contratantes (26%). A falta de espaços para realização de eventos foi o principal ponto de preocupação dos promotores de feiras (18%).

Em relação ao faturamento, os pesquisados estão otimistas em relação os próximos meses, apostando no seu crescimento.

7. No Ar, a Economia Também Prevalece

As companhias aéreas atravessam também ares turbulentos. O resultado do setor em 2003[4] mostra uma pequena melhora em relação ao período anterior. A principal surpresa e o destaque do setor ficam para a *GOL Transportes Aéreos*, com um aumento no lucro líquido da ordem de 106%, passando de *R$ 3,8 milhões* em 2002 para *R$ 113 milhões* em 2003. A *TAM* foi a empresa que registrou o maior lucro – *R$ 173,8 milhões*.

Receita das Companhias Aéreas

Receita Líquida (R$ milhões)

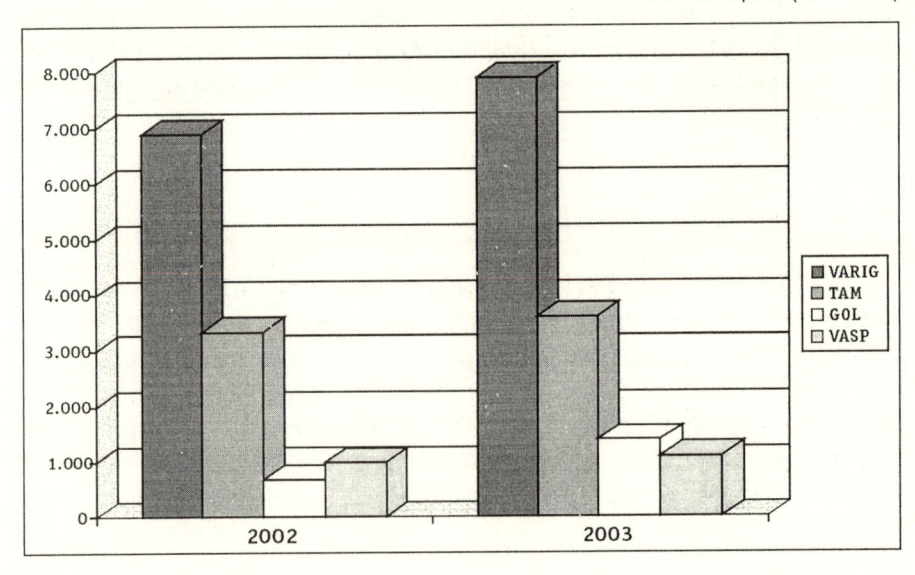

[4] Dados DAC/O Estado de S. Paulo/Abril de 2004.

3. Análise dos Cenários – Tendências

Além de ser a segunda em termos de lucro líquido, a **GOL** apresentou um bom desempenho em termos de ocupação da frota (64,2%) com uma utilização média de suas aeronaves de 12h48/dia.

A **VARIG**, apesar de todos os problemas de gestão e de indecisão quanto ao seu futuro, apresentou uma redução de seu prejuízo na ordem de 35%, com um resultado líquido negativo de R$ 1.800 milhões.

Resultado das Companhias Aéreas

Resultado Líquido (R$ milhões)

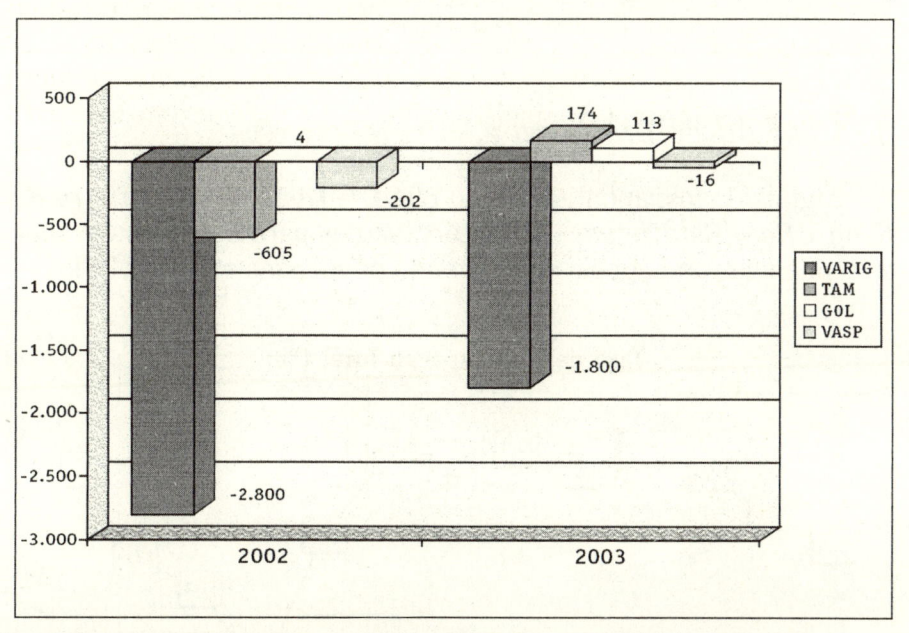

	2002	2003
VARIG	-2.800	-1.800
TAM	-605	174
GOL	4	113
VASP	-202	-16

Em termos de participação no mercado doméstico, a **VARIG** e a **TAM** detêm juntas 66,78%, cabendo a **GOL** a terceira colocação com 19,24%. Estes números indicam que a crise sofrida nos últimos anos pelo segmento pode estar por terminar.

A guerra de preços continua, o que pode ser ruim para os agentes de viagens, mas é bom para a hotelaria. Mais passageiros voando, mais hóspedes nos hotéis, pelo menos é o que se espera.

3. Análise dos Cenários – Tendências

Participação no Mercado Doméstico/2003

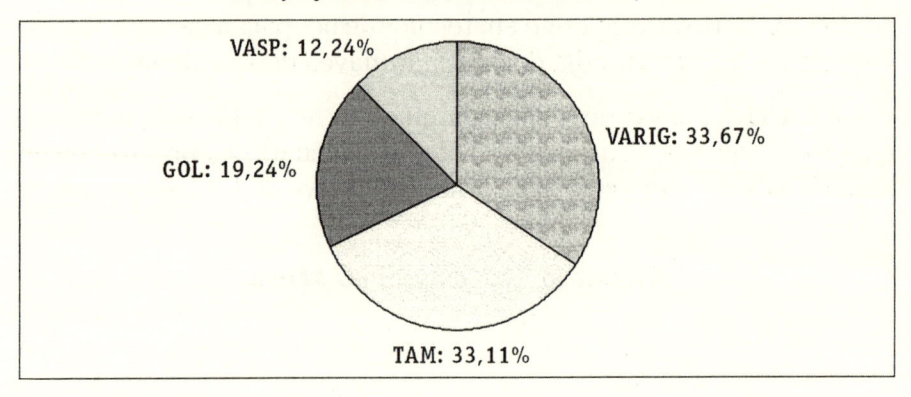

- VASP: 12,24%
- VARIG: 33,67%
- GOL: 19,24%
- TAM: 33,11%

8. A População Brasileira e Suas Tendências

Alguns dados, apontados pelo **IBGE – Instituto Brasileiro de Geografia e Estatística**[5], são interessantes para podermos avaliar as tendências do negócio no segmento do turismo e da hotelaria.

Taxa de Desocupação Total (%)

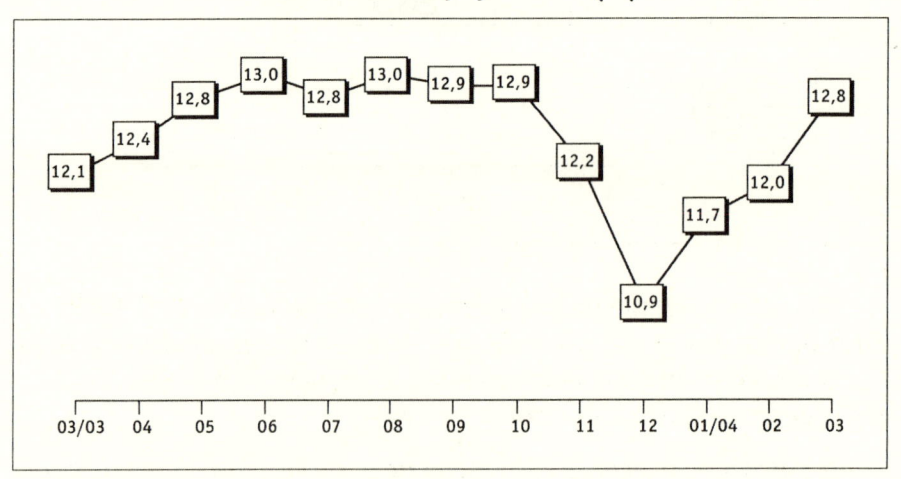

03/03	04	05	06	07	08	09	10	11	12	01/04	02	03
12,1	12,4	12,8	13,0	12,8	13,0	12,9	12,9	12,2	10,9	11,7	12,0	12,8

---

[5] Fonte de referência: www.ibge.org.br/Maio de 2004.

3. Análise dos Cenários – Tendências

Mensalmente são publicadas pesquisas relativas ao nível de empregos nas principais regiões metropolitanas do país. O gráfico demonstra os níveis em relação ao período de março de 2003 a março de 2004, infelizmente com uma taxa em contínuo e preocupante crescimento.

Em relação ao número de pessoas economicamente ativas, foi observado, na comparação entre março de 2004 com o mesmo período do ano anterior, um acréscimo de 2,7%, representando hoje algo em torno de 20,8 milhões de pessoas ocupadas ou em busca por uma ocupação.

Houve também um aumento na participação das mulheres neste índice da ordem de 1,2% em relação a 2003. Em 2004, elas representavam 44,9% e os homens, 55,1% das pessoas economicamente ativas no país.

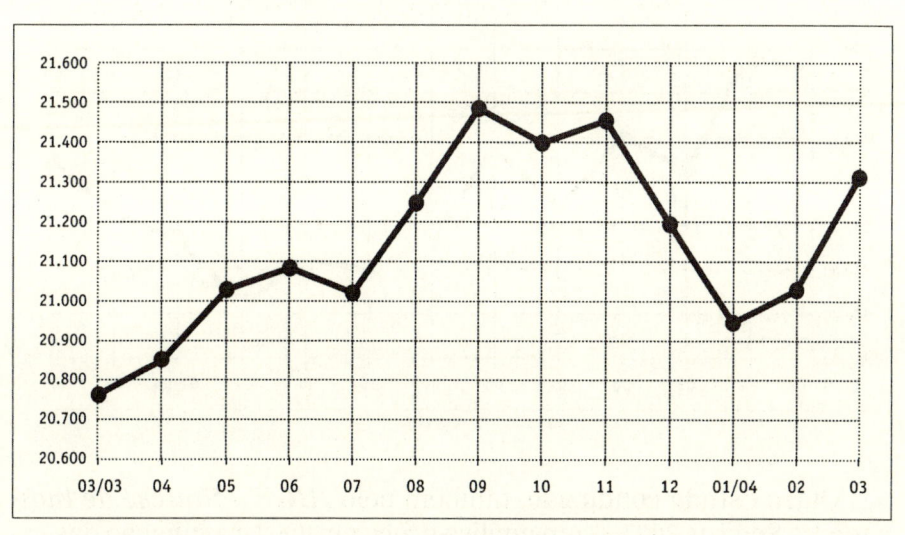

População Economicamente Ativa Total

Os gráficos a seguir mostram os resultados da pesquisa em relação à taxa de população ocupada total e o rendimento médio real, relativo ao mês de março de 2003 a março de 2004.

3. Análise dos Cenários – Tendências

População Ocupada Total

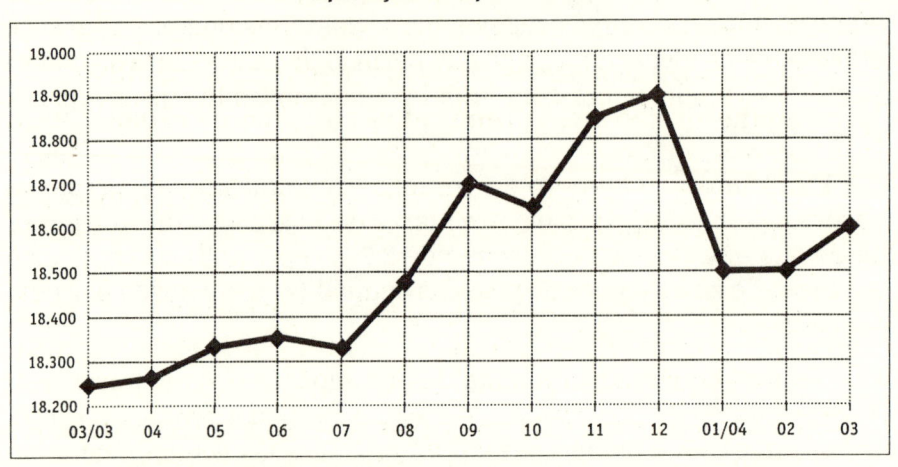

Rendimento Médio Real Habitual das Pessoas Ocupadas

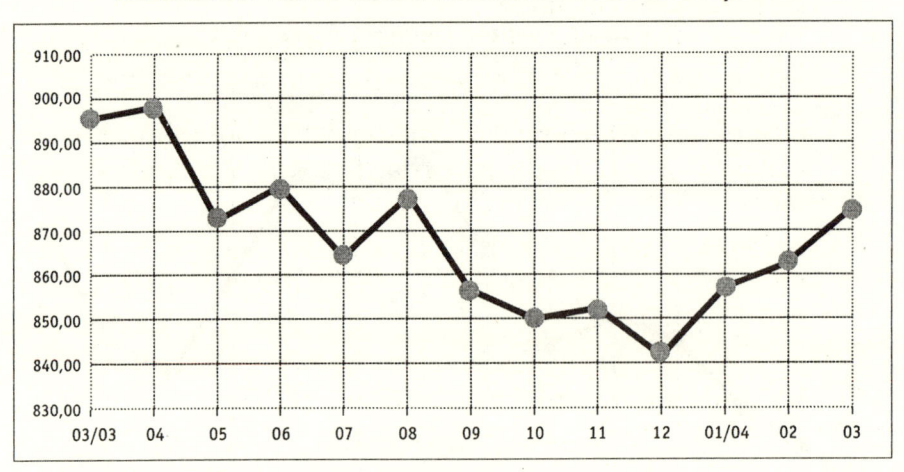

Outro estudo conduzido, também pelo *IBGE – Síntese de Indicadores Sociais 2003* – com análise e foco em 2002 e avaliação das estimativas para os próximos anos, concluiu:

- até 2030, o Brasil terá **237,7 milhões** de pessoas, sendo 40% entre a faixa etária de 30 e 60 anos;

- em 2002, **51,2%** da população era composta de **mulheres** (88 milhões);
- desse total, **30 milhões** já tinham **pelo menos um filho**;
- **mulheres são mais preparadas** – 6,4 anos de estudo contra 6,1 dos homens;
- em relação à população ocupada (com dez anos ou mais), **32 milhões eram mulheres** (com 37% possuindo mais de 11 anos de estudo);
- nesta faixa dos mais privilegiados em relação ao acesso ao estudo, as **mulheres** possuiam renda média de **R$ 829,20** mensais, enquanto os **homens, R$ 1.416,30**;
- em relação a famílias unipessoais (vivendo sós), 2,4 milhões eram mulheres, e **70% destas com mais de 60 anos**;
- os **empregados** e **trabalhadores** em 2002 representavam **70% da população ocupada**;
- o **rendimento médio real dos trabalhadores caiu** de 1996 a 2002 de R$ 726,00 para R$ 636,50 – uma redução de 14%;
- o setor agrícola foi responsável por 20,6% dos **empregos gerados**, contra 13,5% da indústria, **33,9% do segmento de serviços** e **17,2% do comércio e reparações**;
- em **2020**, teremos **25 milhões de idosos** (60 anos ou mais), para uma **população estimada de 219,1 milhões**, representando 11,4% da mesma;
- em 2002, 9,3% da população eram formadas por idosos, e **30,4% (mais de 4 milhões) continuavam ocupadas**;
- em cada 10 mil, sete **são divorciadas**.

9. A Indústria Hoteleira Americana – Números do Negócio

A *American Hotel and Motel Association (AHMA)*[6] possui dados do setor hoteleiro americano que são atualizados anualmente.

---
[6] Referência AHMA – 2003: Lodging Industry Profile.

3. Análise dos Cenários – Tendências

Em seu levantamento de 2003, refletindo o período de apuração de 2002, o número de empreendimentos existentes chegou a 47.050 (incluindo estabelecimentos com mais de 15 quartos), isto significa mais de 4,3 milhões de leitos, que geram mais de 100 bilhões de dólares em receitas anuais. Dos hotéis referidos, 40,2% estão instalados em rodovias; 36,6%, em áreas suburbanas; 11,7%, em áreas urbanas; 7%, em proximidade a aeroportos e 4,9% são *Resorts*. 57,1% possuem menos de 75 quartos e a taxa média de ocupação foi de 59,1%. A diária média de 2002 atingiu U$ 83,54, o que representa uma redução em relação ao ano anterior (U$ 88,27). Já o resultado financeiro em relação ao número de apartamentos disponíveis (RevPar) foi de U$ 49.41.

A indústria hoteleira americana emprega hoje mais de 1,8 milhão de pessoas. Vinte e nove por cento dos viajantes são motivados por negócios; 25% viajam para participar de eventos; 24%, a lazer e 22%, por outros motivos. Em termos de receptivo, os EUA receberam, em 2002, 41,9 milhões de turistas estrangeiros, representando uma queda de 7% em relação a 2001.

4

*Diferencial Competitivo e
Objetivos Estratégicos*

Diferencial Competitivo

Entende-se por diferencial competitivo tudo aquilo que faz com que seu negócio esteja à frente de seus concorrentes, e que transmita valor diretamente a seu cliente. Um hotel pode apresentar diversos diferenciais competitivos, tais como localização, qualidade dos serviços, sofisticação, etc. Para que haja um planejamento adequado das estratégias, é muito importante que os diferenciais competitivos sejam definidos e trabalhados internamente.

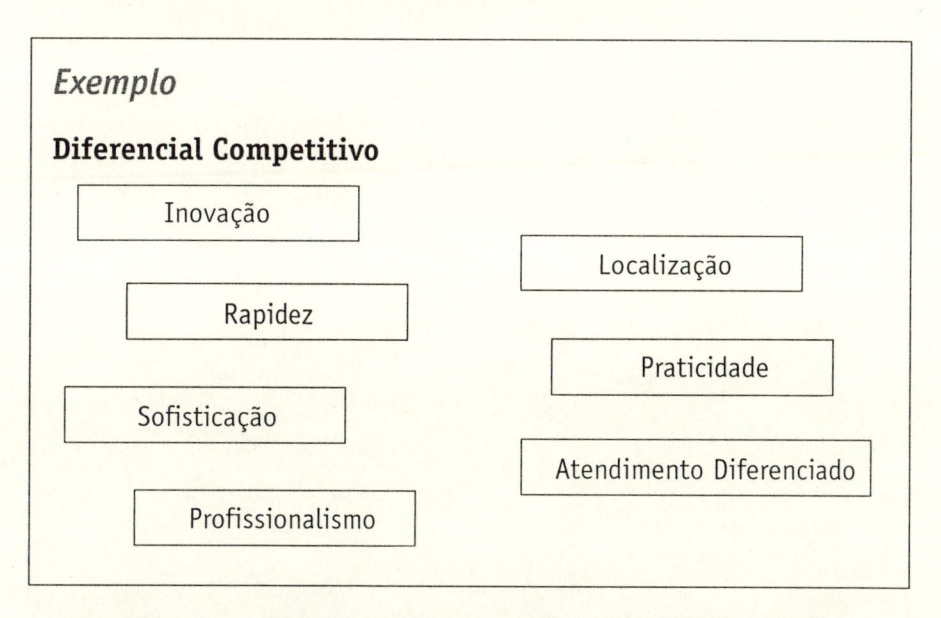

Exemplo

Diferencial Competitivo

- Inovação
- Rapidez
- Sofisticação
- Profissionalismo
- Localização
- Praticidade
- Atendimento Diferenciado

Voltemos ao exercício anterior. Depois de realizar a análise minuciosa dos cenários internos e externos de sua organização, defina agora quais são (ou serão) os diferenciais competitivos da mesma.

4. Diferencial Competitivo e Objetivos Estratégicos

Defina Quais os Principais Diferenciais Competitivos de Sua Organização

4. Diferencial Competitivo e Objetivos Estratégicos

Objetivos do Negócio

Os objetivos do negócio devem ser determinados. São eles que orientam as ações do dia-a-dia e fazem com que os investimentos sejam gerenciados. Ter um objetivo significa ter um rumo. Um hotel pode ter o objetivo de fidelizar seus clientes. Uma agência de viagens pode ter o objetivo de aumentar as vendas de determinado produto. Uma companhia aérea pode ter o objetivo de aumentar o número de assentos ocupados em seus vôos. Isto é saber para onde a organização está caminhando. Não confundir *objetivo* com *meta*. O *objetivo* indica o rumo, aonde queremos chegar. A *meta* indica com que velocidade, com que resultados. Por exemplo, o hotel pode ter o *objetivo* de aumentar sua taxa de ocupação anual, com uma *meta* de atingir *65%*. A meta é a quantificação de cada objetivo.

Podemos classificar os objetivos em duas categorias principais:

- **Objetivos Estratégicos**

  Aqueles ligados com aspectos gerenciais da organização, e que definem os rumos dos negócios.

- **Objetivos Operacionais**

  Aqueles que dão apoio aos estratégicos e que são praticados em cada área do hotel.

Veja a seguir alguns exemplos de objetivos estratégicos e operacionais acompanhados de suas respectivas metas (quantificáveis).

Exemplos de Objetivos Estratégicos

- Aumentar a taxa de ocupação em 10% no primeiro trimestre.
- Aumentar a lucratividade em 5%.
- Reduzir os custos operacionais em 3% no semestre.
- Aumentar a receita do Setor de Alimentos e Bebidas em 12% neste ano.

Exemplos de Objetivos Operacionais

- Treinar 100% dos colaboradores no prazo de 12 meses.
- Diminuir o tempo de arrumação dos apartamentos em 10%.
- Diminuir o uso de produtos químicos usados na lavagem de roupas em 20%.

Veja um exemplo de um objetivo estratégico alinhado a três objetivos operacionais.

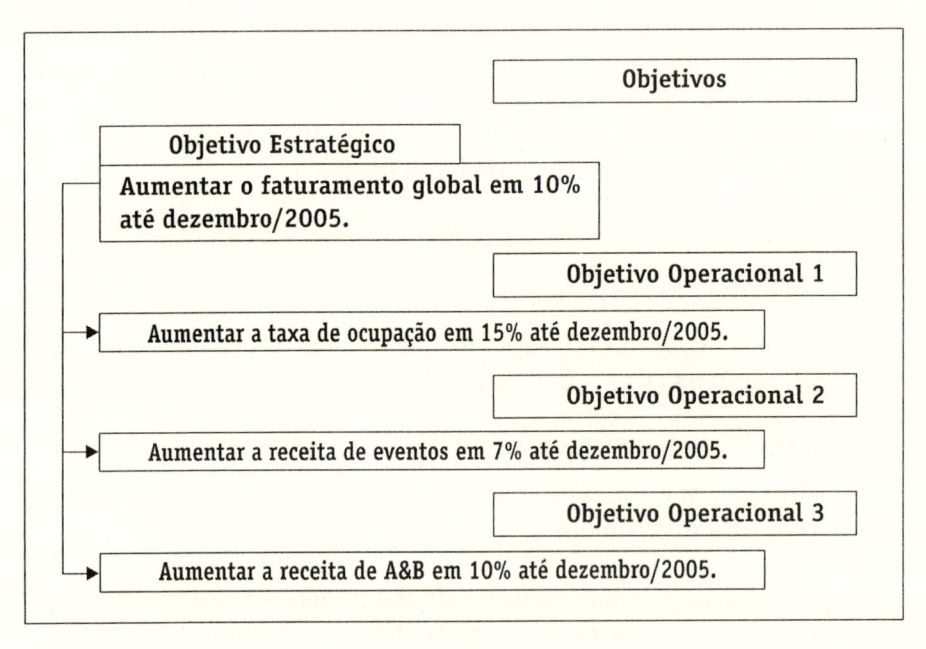

```
                                               Objetivos

        Objetivo Estratégico
        Aumentar o faturamento global em 10%
        até dezembro/2005.

                                         Objetivo Operacional 1
     → Aumentar a taxa de ocupação em 15% até dezembro/2005.

                                         Objetivo Operacional 2
     → Aumentar a receita de eventos em 7% até dezembro/2005.

                                         Objetivo Operacional 3
     → Aumentar a receita de A&B em 10% até dezembro/2005.
```

Ao definirmos juntamente com nossa equipe os objetivos estratégicos, devemos lembrar que estes objetivos:

- devem ser factíveis;
- devem ser desafiadores;
- devem ter uma relação de custo-benefício favorável;
- devem ser comunicados e entendidos;
- devem ser revistos periodicamente com base na análise dos cenários.

5

Estratégias Competitivas

Estratégias Competitivas

Após a definição de nossos objetivos, podemos agora debater e concluir quais serão as estratégias adotadas para alcançá-los. Já sabemos aonde queremos chegar, com que velocidade, só nos resta planejar como rumar até lá. Para isto, é necessário implementar algumas estratégias competitivas. **Estratégias Competitivas** são decisões que a organização toma, após uma análise criteriosa dos cenários internos e externos, e que tem como função alcançar o objetivo planejado. Elas devem ser claras, definir os responsáveis pela coordenação das atividades envolvidas e os prazos de execução.

Veja um exemplo de objetivo estratégico e de suas respectivas ações competitivas planejadas.

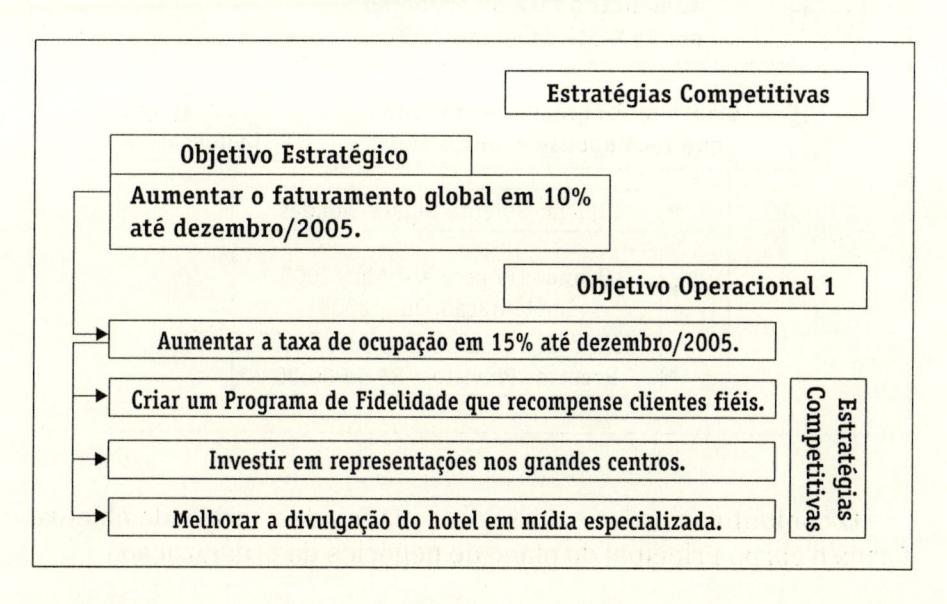

```
                              Estratégias Competitivas

        Objetivo Estratégico
    ┌── Aumentar o faturamento global em 10%
    │   até dezembro/2005.
    │                              Objetivo Operacional 1
    ├──▶ Aumentar a taxa de ocupação em 15% até dezembro/2005.
    │
    ├──▶ Criar um Programa de Fidelidade que recompense clientes fiéis.
    │
    ├──▶ Investir em representações nos grandes centros.
    │
    └──▶ Melhorar a divulgação do hotel em mídia especializada.
```

5. Estratégias Competitivas

Cada um dos objetivos estratégicos deve ser trabalhado em nível de detalhamento. Além disso, ações estratégicas devem ser planejadas. Cada uma delas deve ser documentada. Veja o exemplo da ação estratégica planejada para aumentar a taxa de ocupação de um hotel em 15%. Repare que há um detalhamento contendo:

- o que deve ser feito;
- quem coordenará as ações;
- quando as ações devem ser finalizadas;
- quais recursos deverão ser investidos.

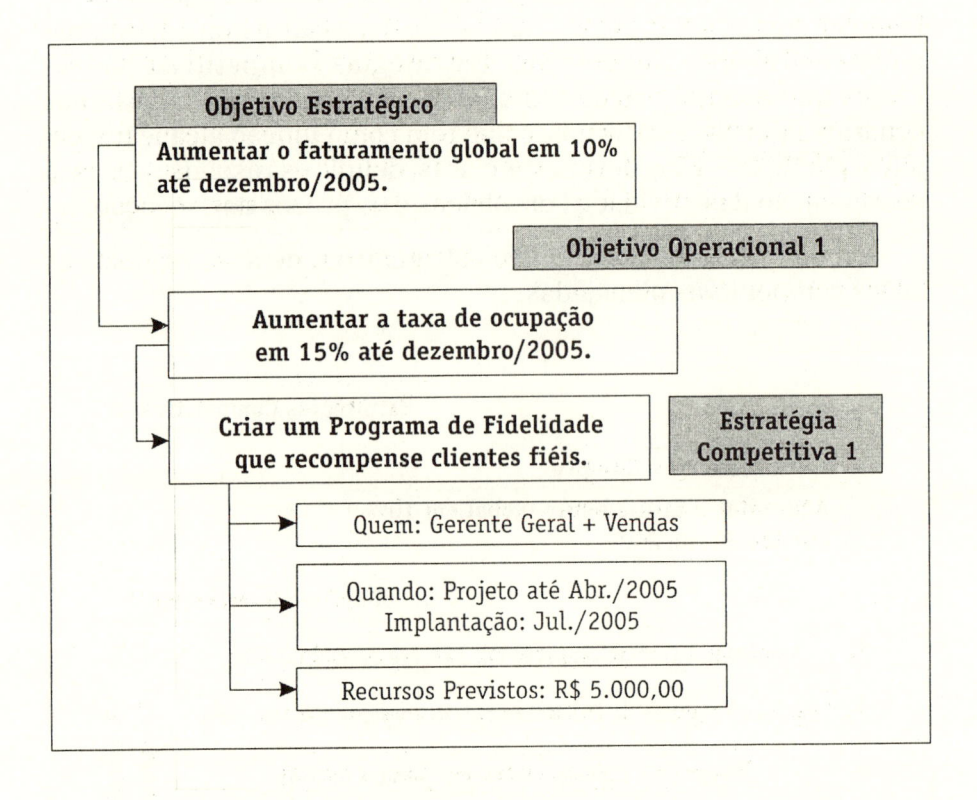

Objetivo Estratégico
Aumentar o faturamento global em 10% até dezembro/2005.

Objetivo Operacional 1
Aumentar a taxa de ocupação em 15% até dezembro/2005.

Estratégia Competitiva 1
Criar um Programa de Fidelidade que recompense clientes fiéis.

Quem: Gerente Geral + Vendas

Quando: Projeto até Abr./2005
Implantação: Jul./2005

Recursos Previstos: R$ 5.000,00

O conjunto de ações estratégicas planejadas para cada objetivo forma o corpo principal do plano de negócios da organização.

5. Estratégias Competitivas

QUALITEC
CONSULTORIA &
TREINAMENTO

Planejamento de Estratégias

Organização:

Objetivo Planejado

Estratégias Competitivas

EC nº	Ação	Responsável	Prazo	Recursos	Efetivação

Emitido por: Data:

5. Estratégias Competitivas

Você percebeu que o planejamento estratégico ou plano de negócios é feito através de etapas com uma metodologia própria. O sucesso deste plano dependerá de como você e sua equipe conduzirão o trabalho. Quanto mais criterioso ele for, melhores serão os resultados. Não é difícil: reúna sua equipe e tente, você verá que os resultados compensam o trabalho. Só não se esqueça de que este plano é como a sua(seu) namorada(o). Se você não olhar para ela(e) todos os dias, não der a devida atenção, não manter a chama sempre acessa – um abraço – o relacionamento vai para o buraco. Portanto, procure mantê-lo atualizado às tendências do mercado.

RESUMO

- Definição do Nosso Negócio
- Análise dos Cenários
  - Oportunidades
  - Ameaças
  - Pontos Fortes
  - Pontos Fracos
  - Cenário Otimista
  - Cenário Pessimista
  - Clientes
  - Concorrência
- Diferencial Competitivo
- Objetivos Estratégicos
- Estratégias Competitivas

6

Estudo de Caso 1

Estudo de Caso 1

O hotel **Bom Sono** localiza-se em uma cidade do interior distante apenas uma hora de um grande centro. O hotel possui 50 apartamentos e oferece serviços de restaurante, lazer (uma piscina pequena) e eventos (uma sala para 30 pessoas). Seus clientes são normalmente hóspedes que visitam o hotel, a lazer, nos fins de semana e para pequenos eventos, durante a semana. É dirigido por um gerente geral, que comanda uma equipe de 20 pessoas, e que se reporta a dois sócios proprietários. O hotel possui alguns atrativos:

- tradição, pois está na região há mais de 15 anos;
- localização agradável e de fácil acesso;
- boa estrutura de lazer;
- funcionários antigos e que conhecem os hóspedes habituais.

Como pontos de preocupação, destacamos:

- a ocupação está abaixo de 50% nos fins de semana e de 20% nos dias úteis;
- existe um concorrente instalado na mesma região que reformulou sua estrutura recentemente;
- o hotel possui apartamentos antigos que precisam de reformas e de melhoria na estrutura básica (20% já estão adaptados, inclusive com a troca de ar-condicionado e TV's);
- as diárias médias caíram 20% no último ano e hoje estão praticamente iguais às do concorrente;

- pesquisa recente realizada pela prefeitura da região indicou que existe potencial de crescimento do turismo local, porém os clientes reclamam de falta de estrutura na região;

- as vendas são feitas por um escritório de representação, e o hotel possui um pequeno site na Internet;

- as reservas são feitas por uma pessoa no próprio hotel, ou pela recepção – existe um sistema simples informatizado;

- percebe-se que alguns clientes tradicionais começaram a migrar para a concorrência;

- os sócios estão conscientes quanto às necessidades de mudanças e propõem fazer um investimento de 25% da receita bruta captada para melhorias necessárias.

Sua Tarefa

Para o hotel apresentado, você deverá realizar a análise completa do planejamento estratégico, identificando:

- pontos fortes e fracos;
- oportunidades e ameaças;
- análise dos clientes e da concorrência;
- cenários otimista e pessimista;
- diferenciais competitivos.

Feito isto, defina um **objetivo estratégico** para o hotel e um **objetivo operacional** (devem ser mensuráveis).

Elabore, com base em seus objetivos traçados, um plano de ações (Estratégias Competitivas).

Nas próximas páginas, você encontrará um guia para realização de seu trabalho.

6. Estudo de Caso 1

Pontos Fortes Hotel Bom Sono	Pontos Fracos Hotel Bom Sono

Oportunidades	Ameaças

6. Estudo de Caso 1

Quem São Nossos Clientes Atuais	Possíveis Novos Clientes/Mercados

Pontos Fortes dos Concorrentes	Pontos Fracos dos Concorrentes

Cenário OTIMISTA	Cenário PESSIMISTA

Diferenciais Competitivos

6. Estudo de Caso 1

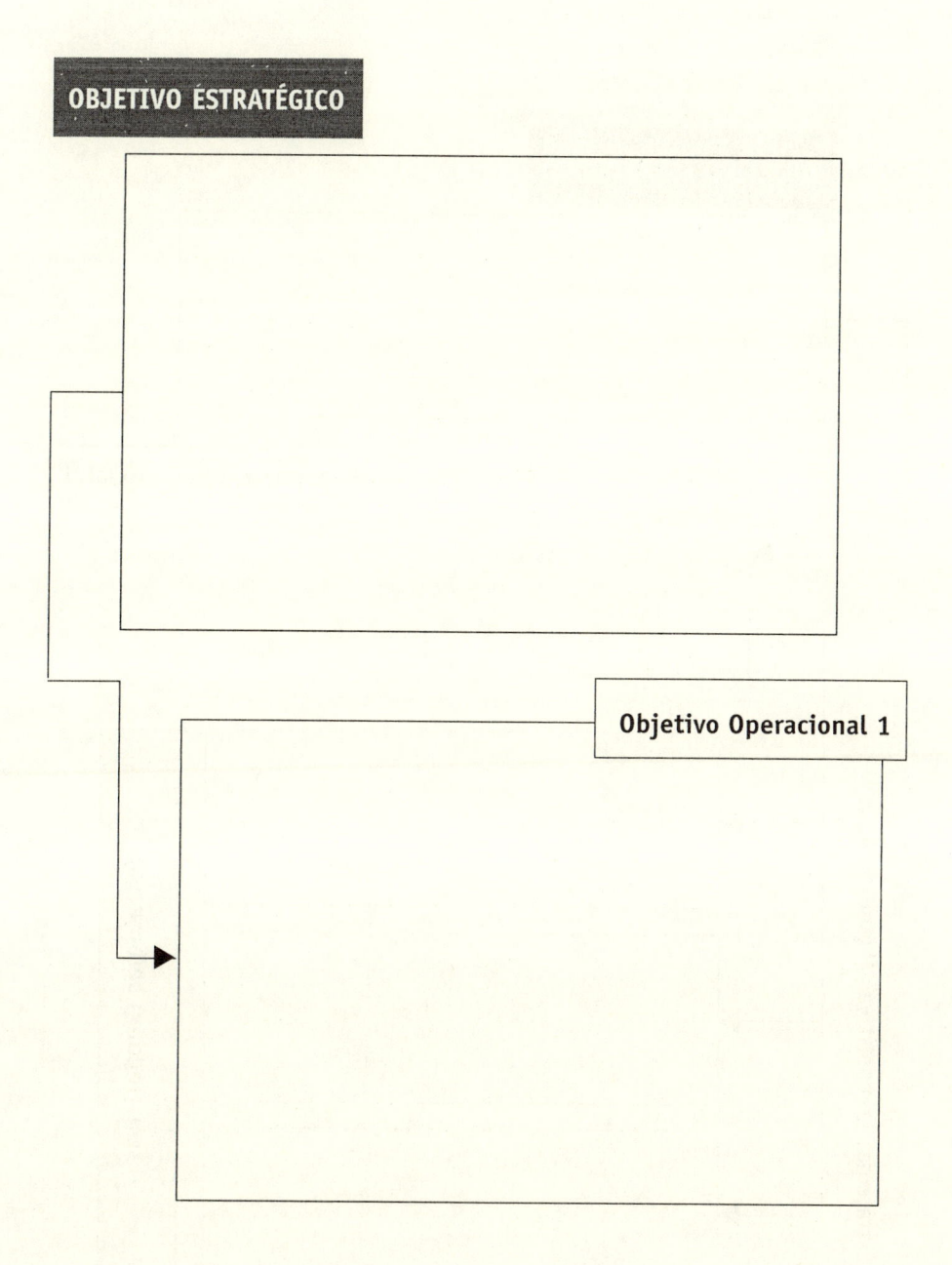

OBJETIVO ESTRATÉGICO

Objetivo Operacional 1

Estudo de Caso 1

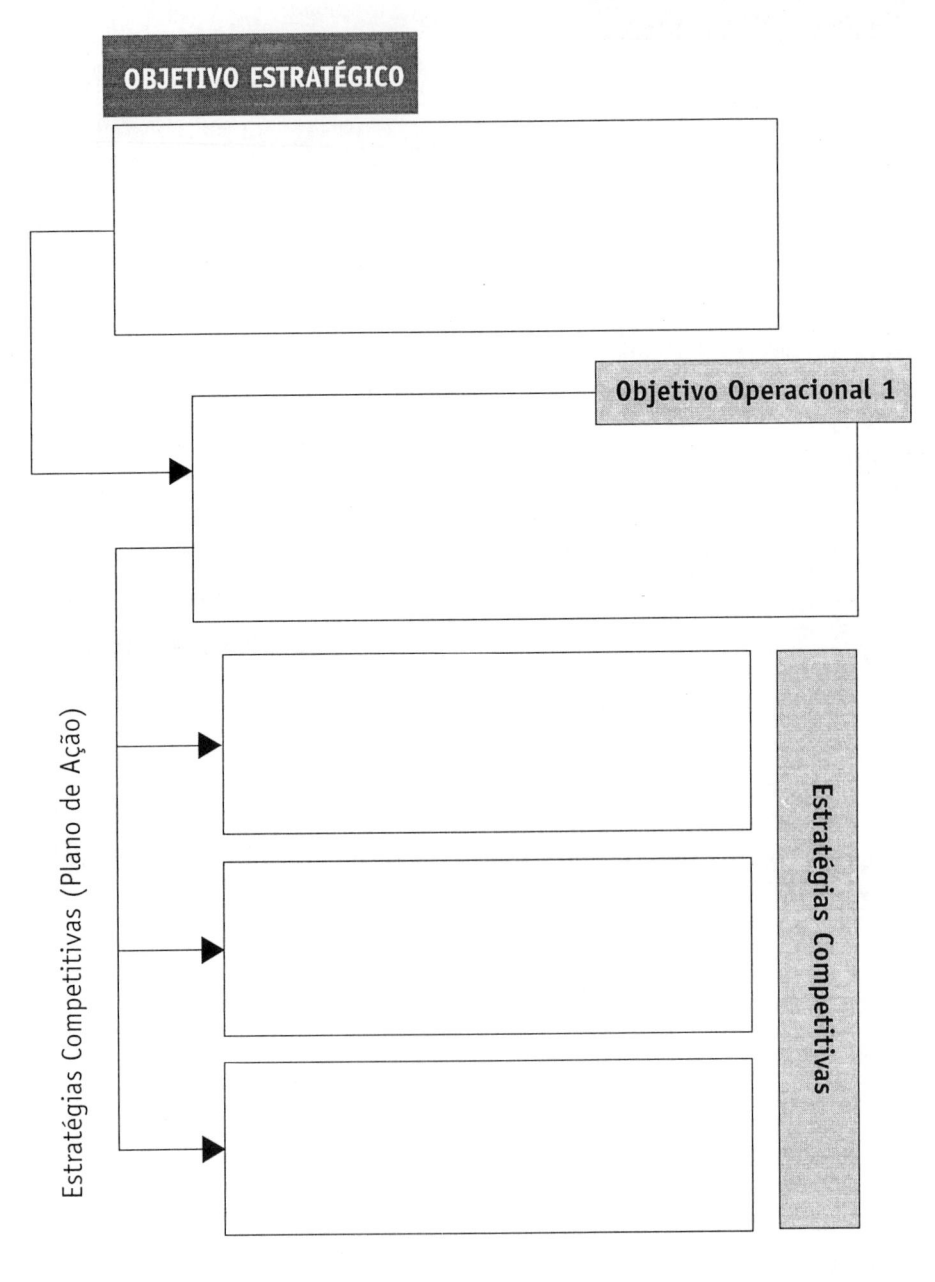

OBJETIVO ESTRATÉGICO

Objetivo Operacional 1

Estratégias Competitivas (Plano de Ação)

Estratégias Competitivas

7

Balanced Scorecard *Aplicado ao Segmento de Turismo e Hotelaria*

Balanced Scorecard e a Gestão Estratégica

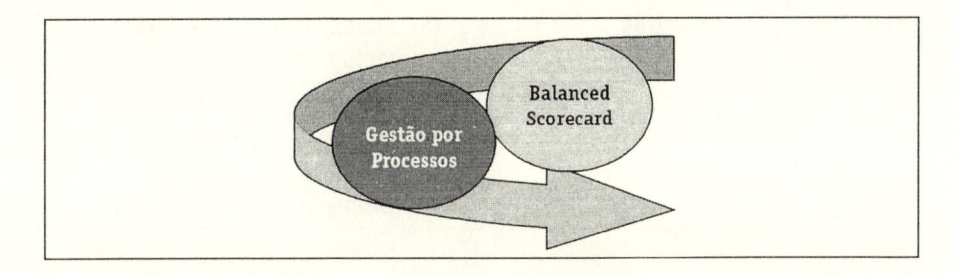

O **BSC** – ***Balanced Scorecard***[7], ou sistema balanceado de mensurações, foi criado no início dos anos 90 por *Robert S. Kaplan* e *David P. Norton*, colaboradores da *Harvard Business School*, com o objetivo de verificar como as organizações mediam seu desempenho organizacional. Os autores trabalharam a gestão por resultados em quatro perspectivas de monitoramento: a *perspectiva financeira* (já amplamente utilizada na época), a *perspectiva do cliente*, a *perspectiva dos processos internos* e a *perspectiva do aprendizado e do crescimento*.

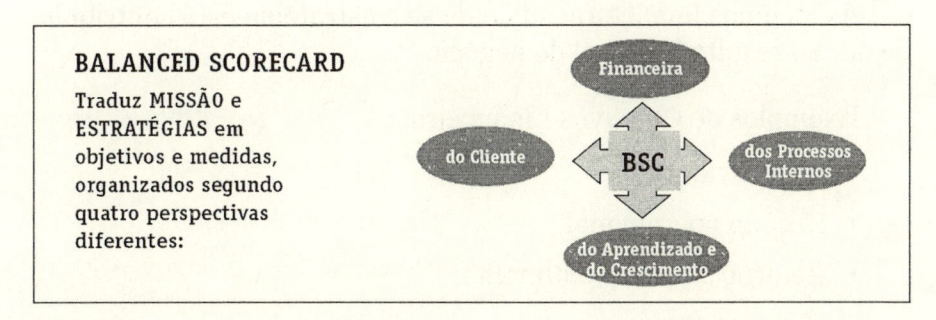

BALANCED SCORECARD
Traduz MISSÃO e ESTRATÉGIAS em objetivos e medidas, organizados segundo quatro perspectivas diferentes:

---

[7] Referência: KAPLAN, Robert S. e NORTON, David P. *A Estratégia em Ação: Balance Scorecard*. Rio de Janeiro: Ed. Campus, 1997.

Cada uma das medições propostas apresenta objetivos definidos e que devem ser observados de modo que todos os processos organizacionais sejam avaliados.

Perspectiva	Objetivo da Medição
Financeira	Desempenho Financeiro
Do Cliente	Retenção, Fidelidade e Mercados
Dos Processos Internos	Qualidade, Inovação e Custos Operacionais
Do Aprendizado e do Crescimento	Capacidade dos funcionários, capacidade dos sistemas de informação e motivação e comprometimento da equipe

O conceito principal adotado por Kaplan e Norton está baseado no fato de que a medição é fundamental para o gerenciamento de qualquer atividade. A seguir, apresentamos um breve resumo de como estas quatro perspectivas podem ser consideradas dentro da organização.

Financeira

As medidas financeiras indicam se a estratégia está contribuindo para o resultado global do negócio.

Exemplos de Objetivos Financeiros:

- Lucratividade;
- Receita operacional;
- Retorno sobre investimento;
- Fluxo de caixa;
- Crescimento de vendas.

Do Cliente

As medidas do cliente avaliam como a organização se comporta em relação ao mercado e seus clientes potenciais.

Exemplos de Objetivos do Cliente:

- Satisfação do cliente;
- Retenção e fidelidade;
- Participação no mercado.

Dos Processos Internos

As medidas dos processos internos visam identificar pontos críticos, que sejam capazes de captar ou reter clientes e garantir a sustentabilidade para o negócio.

Exemplos de Objetivos dos Processos Internos:

- Inovação – criação de novos serviços/produtos;
- Processos operacionais;
- Marketing – pós-vendas.

Do Aprendizado e do Crescimento

As medidas do aprendizado e crescimento visam identificar a infra-estrutura necessária que a organização deve ter para gerar crescimento e melhorias a longo prazo. São geradas por: pessoas, sistemas ou procedimentos organizacionais.

Exemplos de Objetivos do Aprendizado e Crescimento:

- Capacitação de pessoal;
- Nível de satisfação interno;
- Grau de informação/uso de tecnologia.

Veja no quadro a seguir um exemplo de **BSC** na hotelaria.

7. Balanced Scorecard Apliacado ao Segmento de Turimo e Hotelaria

O *BSC* na Hotelaria

Perspectiva Financeira

Rentabilidade
Aumento de X%

Aumento da TO	Redução Custos	Receita de Eventos
Aumento de X%	Diminuir em X%	Participar em X Eventos

Perspectiva do Cliente

Satisfação do Cliente	Fidelidade
Obter X% de Satisfação	Obter X% de Retornos

Perspectiva Interna

Renovação	Inovação	Operacionais	Marketing
X UH's Renovadas	X% Projetos de Melhoria Impl.	Aumentar em X o nº de Pax/ano	Participar em X Eventos

Perspectiva do Aprendizado e do Conhecimento

Capacitação	Conhecimento	Satisfação	Tecnologia
Aumentar em X%	X% Conhecendo a Estratégia	X% Motivados	Melhor uso da Informação

7. Balanced Scorecard Aplicado ao Segmento de Turismo e Hotelaria

Medidas Essenciais

Para entendermos bem o **BSC**, é necessário que o conceito de medidas essenciais seja estudado. Estas medidas são indicadores que monitoram o desempenho do negócio em relação a seus clientes, tais como *grau de retenção* dos clientes, *captação* de novos clientes, *satisfação* e *lucratividade* por área de atuação. No segmento da hotelaria, isto pode ser aplicado por nichos de mercado em que atuamos, tipos de clientes – eventos, lazer – e por tipos de produtos que comercializamos – hospedagem, alimentação, eventos, etc.

O **BSC – Balanced Scorecard**[8] é uma ferramenta prática e que pode auxiliar os gestores e profissionais do turismo e da hotelaria a gerirem seus negócios de forma sistêmica e eficiente. É um tremendo GPS, que nos guia rumo aos bons resultados. Casa perfeitamente com uma **Gestão por Processos** e está perfeitamente alinhado com o Planejamento Estratégico.

Com ele, a organização consegue visualizar claramente quais são os parâmetros de controle e monitoramento que um determinado processo ou produto devem ter, e como isto influencia no resultado global do negócio. Ele não precisa ser complexo e caro, o que o torna aplicável em qualquer tipo de organização.

BALANCED SCORECARD

MEDIR é Importante

Tudo que não é MEDIDO
Não é Gerenciado

Robert Kaplan/David Norton

---

[8] Para aprofundar-se no tema **BSC**, sugiro a leitura de *Mapas Estratégicos* de Robert S. Kaplan e David P. Norton. Rio de Janeiro: Ed. Campus, 2004.

O SQI da Ritz Carlton

Todo planejamento deve ser efetivamente monitorado, para isto, é usual que as organizações adotem alguns indicadores que sirvam para verificar constantemente o desempenho de seus processos internos. A cadeia de hotéis americana *Ritz Carlton*, vencedora por duas vezes do *Prêmio Malcom Baldrige* – o Prêmio Nacional da Qualidade nos EUA –, decidiu medir a qualidade de seus serviços através de um sistema chamado internamentre de *SQI – Service Quality Indicators*[9].

O SQI é composto por diversos medidores que determinam a qualidade dos processos operacionais de seus hotéis, com base nas principais falhas que podem ocorrer durante a prestação do serviço.

Para cada indicador instalado, existe um peso atribuindo sua importância, o que torna o trabalho de implementação de ações prioritárias facilitado.

Exemplo dos Tipos de Falhas e Seu Peso – Modelo *Ritz Carlton*

SQI – Tipos de Falhas	Peso
1. Não atendimento das preferências dos hóspedes	10
2. Dificuldades não resolvidas	50
3. Inadequação da arrumação do apartamento	1
4. Chamadas de reservas abandonadas	5
5. Mudança de apartamento do hóspede	5
6. Equipamento do apartamento inoperante	5
7. Apartamento não disponível para uso	10
8. Aparência do hotel inapropriada	5
9. Dificuldades em relação a eventos	5
10. Inadequação em alimentos e bebidas	1
11. Perda/dano de propriedade do hóspede/acidentes	50
12. Ajustes em relação à fatura	3

---

[9] Referência: *The Ritz Carlton Hotel Company*, L. L. C. Application Summary, 1999.

O total de ocorrências diárias é multiplicado pelo seu peso correspondente, gerando assim uma lista de prioridades para a tomada de decisão. O resultado desta avaliação é apresentado aos colaboradores do hotel diariamente.

Este é um exemplo simples de monitoramento de resultados que pode ser aplicado em seu hotel. Basta fazer as adequações necessárias e começar a agir.

8

Estudo de Caso 2

Estudo de Caso 2

Projete um sistema de indicadores de performance balanceado para uma agência de viagens ou um hotel (use, por exemplo, os casos descritos no início deste livro – Agência "Boa Sorte"/Hotel "Bom Sono"), com base nos conceitos do *Balanced Scorecard*, levando em consideração as quatro perspectivas: *financeira, do cliente, dos processos internos* e *do aprendizado/conhecimento*. Identifique quais serão os indicadores de monitoramento adotados, sua freqüência de medição, os responsáveis e os envolvidos com o monitoramento e com a análise de seus resultados.

9

*Diagnóstico do
Desempenho Hoteleiro*

Diagnóstico do Desempenho Hoteleiro

Mas por onde eu devo começar? O que devemos efetivamente medir? O *checklist* a seguir apresenta um mecanismo simples criado para a avaliação de alguns indicadores importantes do desempenho de hotéis e meios de hospedagem em geral. Aconselhamos que ele seja debatido internamente pelos gestores e que cada requisito seja verificado cuidadosamente. Para aqueles que forem identificados com um status de não atendimento, seja total ou parcial, vale a pena investir tempo e recursos para o planejamento de ações efetivas. O *checklist* avalia tanto à a gestão do negócio como também requisitos que são de percepção dos clientes. Para cada assunto abordado, você deverá registrar o status do atendimento ao mesmo, com quatro opções:

- *Atende Plenamente*

  Quando o requisito abordado for plenamente praticado e atender às expectativas da organização/dos clientes.

- *Atende Parcialmente*

  Quando o requisito precisa de ajustes ou de melhorias efetivas.

- *Não Atende*

  Quando o requisito apresentado estiver longe das condições ideais ou simplesmente não estiver instalado.

- *Não Aplicável*

  Quando a questão apresentada não for compatível com o tipo de hotel/negócio que você está avaliando.

9. Diagnóstico do Desempenho Hoteleiro

	Item a Ser Analisado Gestão do Negócio	Atende Plenamente	Atende Parcialmente	Não Atende	Não Aplicável
1	Existe uma planilha de distribuição dos custos aplicáveis na operação (diretos e indiretos).				
2	Existe uma análise periódica do histórico das taxas de ocupação (% de unidades ocupadas e número de hóspedes/mês).				
3	Existe um acompanhamento periódico de desempenho de Alimentos e Bebidas (*couverts* faturados e *couvert* médio obtido em R$).				
4	Existe um relato dos custos alocados por área operacional e/ou tipo de atividade (diretos e indiretos).				
5	Existem fichas técnicas dos principais produtos alimentícios servidos, com composição de custo (ex.: para carnes, peixes, frutos do mar, *buffets* e café da manhã).				
6	Existe e é analisada periodicamente a Receita Bruta por PDV (ponto de venda) gerada por Alimentos e Bebidas.				
7	São monitorados os custos de reposição de utensílios e louças em geral.				
8	São monitorados os custos de matéria-prima em Alimentos e Bebidas, por tipo de produto e fornecedor.				
9	São avaliadas periodicamente as sobras de *buffets* (retorno para reutilização e/ou descarte).				
10	É avaliada periodicamente a produção média por garçom nas áreas de restaurantes e bares.				

9. Diagnóstico do Desempenho Hoteleiro

	Item a Ser Analisado Gestão do Negócio	Atende Plenamente	Atende Parcialmente	Não Atende	Não Aplicável
11	É monitorado o tempo médio para giro do estoque de produtos.				
12	Existe um monitoramento de perdas de matéria-prima por problemas de aproveitamento, planejamento, validade, etc.				
13	Existe um monitoramento de custos de produtos utilizados em Governança e Lavanderia, por tipo de produto e fornecedor.				
14	Existe o acompanhamento do faturamento médio por quilograma de material processado (lavanderia).				
15	Existe um monitoramento do tempo médio de substituição de enxovais (por desgaste ou perdas ocasionais).				
16	Existe monitoramento dos custos totais dos insumos energéticos (energia, água, GLP, combustíveis, etc.).				
17	Existe um monitoramento do número de horas extras aplicadas no mês em relação ao número de horas totais contratadas para mão-de-obra direta.				
18	Existe um monitoramento do tempo médio para execução de trabalhos de manutenção em unidades habitacionais (UH's).				
19	Existe um acompanhamento do número médio de UH's colocadas em manutenção no período avaliado.				
20	Existe um acompanhamento mensal do investimento em obras, consertos e manutenção em geral.				

9. Diagnóstico do Desempenho Hoteleiro

	Item a Ser Analisado Gestão do Negócio	Atende Plenamente	Atende Parcialmente	Não Atende	Não Aplicável
21	Existe um relato de despesas de manutenção emergencial.				
22	Existe um monitoramento do custo médio mensal com atividades de lazer (monitores, equipamentos, etc.).				
23	Existe um acompanhamento da receita média percebida por evento.				
24	São planejados os custos alocados na área de vendas e marketing por tipo de atividade.				
25	Existe um monitoramento de despesas com serviços administrativos (ex.: representações, jurídico, folha, etc.).				
26	Existe um monitoramento da taxa de inadimplência mensal.				
27	Existe um monitoramento do percentual das receitas obtidas por formas distintas de pagamento (cartão de crédito, espécie, faturamento, etc.).				
28	Existe um monitoramento do valor médio mensal da conta de perdas do *front* (relacionado com estornos e erros de processamento).				
29	Existe um acompanhamento com metas relativas ao nível de endividamento estabelecido pela organização.				
30	Existe um relato quanto ao nível de despesas com ações trabalhistas e similares nos últimos meses.				
31	Existe um relato com os custos alocados com seguros em geral.				

9. Diagnóstico do Desempenho Hoteleiro

	Item a Ser Analisado Gestão do Negócio	Atende Plenamente	Atende Parcialmente	Não Atende	Não Aplicável
32	Existe um relato com os custos alocados com área de segurança em geral.				
33	Existe um acompanhamento da receita bruta realizada por funcionário.				
34	Existe um acompanhamento da receita bruta nos demais PDV's (ex.: lojas, estacionamento, *business center*, etc.).				
35	Existe um acompanhamento do lucro operacional por atividade instalada após impostos.				

	Item a Ser Analisado Qualidade Percebida	Atende Plenamente	Atende Parcialmente	Não Atende	Não Aplicável
36	Qualidade do atendimento no setor de reservas (rapidez, confiabilidade de informação, cordialidade).				
37	Qualidade do *check-in* (rapidez, sistema informatizado e cordialidade).				
38	Atendentes falando mais que uma língua.				
39	Mensageiros comunicativos e sabendo vender o hotel.				
40	Decoração apropriada e agradável.				
41	Ótimo grau de limpeza das áreas sociais e comuns.				
42	Apartamentos funcionais e confortáveis.				
43	Ótimo grau de limpeza dos apartamentos.				
44	Enxoval em bom estado e confortável.				

9. Diagnóstico do Desempenho Hoteleiro

	Item a Ser Analisado Qualidade Percebida	Atende Plenamente	Atende Parcialmente	Não Atende	Não Aplicável
45	Boa iluminação do apartamento e do banheiro.				
46	Banheiros funcionais e confortáveis.				
47	Bom conjunto de amenidades (sabonetes, xampus, cremes, etc.).				
48	Acesso à Internet nos apartamentos.				
49	Proteção do apartamento contra ruídos.				
50	Segurança do apartamento (travas, cofres, telefones de emergência, rota de fuga estabelecida, etc.).				
51	Qualidade ambiental do apartamento (ar-condicionado, odores, proteção contra raios solares, etc.).				
52	Cama e travesseiros confortáveis.				
53	Equipamentos auxiliares funcionando perfeitamente (TV, secador de cabelo, rádio, etc.).				
54	Qualidade do sistema de telefonia (atendimento, fácil acesso, tarifador confiável, etc.).				
55	Qualidade do *room service* (prontidão, qualidade da comida, variedade, agilidade, apresentação e retirada dos pratos).				
56	Qualidade do restaurante (atendimento, qualidade da comida, variedade, agilidade, apresentação dos pratos).				
57	Qualidade dos serviços de informações gerais (recepção, *concierge*, telefonia).				

9. Diagnóstico do Desempenho Hoteleiro

	Item a Ser Analisado Qualidade Percebida	Atende Plenamente	Atende Parcialmente	Não Atende	Não Aplicável
58	Manutenção geral do hotel.				
59	Qualidade do *check-out* (rapidez, cordialidade e confiabilidade das contas).				
60	Grau de treinamento dos funcionários.				
61	Grau de motivação dos funcionários.				
62	Medição da satisfação dos clientes (pesquisas, entrevistas, etc.).				
63	Comunicação eficaz com os clientes (durante e após a estada).				
64	Serviços de lavanderia eficazes.				
65	Local para estacionamento de veículos adequado.				
66	Grau de inovação do hotel quanto aos serviços oferecidos.				
67	Possuir um programa eficaz de fidelidade aos clientes.				
68	Uso de sistemas informatizados (reservas, *check-in* e *check-out*, financeira, etc.).				
69	Tarifas competitivas em comparação com a concorrência.				
70	Facilidades de pagamentos.				
71	Disponibilidade de informações sobre o hotel via Internet.				
72	Receber reservas on-line via Internet.				
73	Possuir área de eventos compatível com o porte do hotel.				
74	Salas de eventos bem equipadas.				
75	Suporte de eventos adequado.				

9. Diagnóstico do Desempenho Hoteleiro

	Item a Ser Analisado Qualidade Percebida	Atende Plenamente	Atende Parcialmente	Não Atende	Não Aplicável
76	Área de lazer adequada ao estilo de hotel (piscinas, *fitness center*, salas de jogos/descanso, *spa* etc.).				
77	Dedetização adequada e eficaz de apartamentos e demais dependências.				
78	Disponibilidade de equipe de lazer e de recreação adulto/infantil.				
79	Disponibilidade de TV por assinatura nos apartamentos.				
80	Uso adequado de sistemas de segurança (câmeras, monitoramento contínuo, etc.).				

Análise dos Resultados

Preencha a tabela abaixo com seus resultados e verifique em que situação sua organização se encontra.

	A – Atende Plenamente	B – Atende Parcialmente	C – Não Atende	NA – Não Aplicável
Número de questões pontuadas				
D – Questões Válidas	A + B + C =			
Resultado em %	(A/D)*100	(B/D)*100	(C/D)*100	
Resultado Final em %				

- Se seu hotel/negócio obteve resultado final maior que 85%, parabéns. Empenhe-se agora em atender aos itens faltantes.

- Para resultados entre 60 e 85%, aconselhamos atuar naqueles itens que se referem à estratégia e ao atendimento de necessidades dos clientes em primeiro lugar. Crie num plano de ação e repita este exercício após a efetivação deste plano.

- Para resultados inferiores a 60%, sugerimos a instalação imediata de um plano emergencial. Há forte risco de perda de negócios e dos clientes. Envolva a equipe em busca de soluções. Priorize o investimento em itens que atendam às expectativas dos clientes. Crie formas de monitoramento.

10

O Futuro

10. O Futuro

A Mudança na Segmentação Hoteleira – Quais Modelos Restarão?

Com a forte chegada da hotelaria internacional, com suas bandeiras reconhecidas mundialmente e com a presença forte dos *flats*, conforme já mencionado anteriormente, restou à hotelaria tradicional rumar para uma das possíveis vertentes do segmento. A primeira delas é composta pelos hotéis adeptos à manutenção dos serviços *full*, ou seja, aqueles que mantêm suas características de operação tradicionais, com todos os serviços previstos, tais como: mensageiros, atendimento bilíngüe, serviço de quarto, telefonia, restaurante, bares, etc. Estes hotéis adotaram a manutenção de tais serviços e conseqüentemente suas tarifas tradicionais, com alguns pequenos ajustes de mercado. A segunda vertente é composta pelos hotéis econômicos, que simplesmente pegaram carona em projetos de sucesso como *IBIS* e *Fórmula 1* – da Hotelaria *Accor*.

Alguns hotéis já tinham características estruturais e de serviços semelhantes ao dos concorrentes franceses, talvez com um pouco menos de padronização. Outros resolveram transformar suas atividades de hotéis *full* para econômico, ajustando adequadamente suas tarifas. Os econômicos apresentam serviços limitados, porém com um apelo muito forte em relação à praticidade, conforto funcional e preço. Geralmente, estão apoiados em um quarto simples, porém limpo e confortável, composto basicamente por cama, ducha e TV, com pouquíssimos elementos de decoração. O serviço de *check-in* e de *check-out* também é planejado para minimizar operações e ganhar-se tempo, evitando ao máximo as operações manuais. Muitos eliminaram o serviço de *minibar* nos apartamentos, disponibilizando a geladeira (vazia...) e fornecendo produtos quando solicitado pelo hóspede. Esta transformação cultural ainda passa por adaptações. Muitos empreendimentos ainda não têem claro qual caminho trilhar. Por certo, em breve eles terão que tomar uma decisão. Esta situação antagônica reflete diretamente nos resultados operacionais. Imagine um hotel que por muitos anos funcionou com todos os serviços e que agora resolve cortar simplesmente tudo... menos a tarifa! Opa! Surgirão reclamações por aí. É óbvio que o cliente habitual, acostumado com todas as mordomias anteriormente oferecidas e que agora tem que enfrentar uma nova condição, olha diretamente para o preço praticado.

Existe uma análise direta da relação preço x benefício. E aí é que "mora o perigo", como se diz na gíria. Hotéis que abandonaram os serviços e não alinharam suas tarifas proporcionalmente terão sérios problemas de identidade.

Hotéis Econômicos – Sinônimo de Má Qualidade?

Definitivamente NÃO. Quando os hotéis econômicos chegaram ao Brasil (estou me referindo aos "importados"), alguns "especialistas" do setor juravam que eles teriam vida curta. Seus principais argumentos eram que o cliente brasileiro não receberia bem o produto. Carregar a sua própria mala até o quarto, descer na recepção para pegar uma toalha, quarto pequeno, e entretenimento quase zero, não combinavam com o biótipo do hóspede verde e amarelo. Sucesso na Europa e nos Estados Unidos há mais de 20 anos, os econômicos tiveram o desafio de provar que estas teorias estavam erradas. Com menos de cinco anos de vida, e em meio a uma crise sem precedentes do setor, os hotéis econômicos sobreviveram bem à primeira bateria de provas. Parece que eles caíram no gosto do turista brasileiro, seja ele um viajante de negócios, seja ele um viajante de lazer. A taxa de ocupação média de alguns destes hotéis chegou a bater os 75% anuais. Nada mal para quem chegou recentemente.

O perigo latente deste mercado está ligado a uma expansão desenfreada de unidades habitacionais. Como é um produto de sucesso, existe um apelo de venda fortíssimo, com demonstrativos de resultados planejados muito atraentes, o que pode transformar o mercado em uma enxurrada de novos hotéis econômicos.

O Novo Cliente – Quem Será?

Segundo levantamento do IBGE, temos hoje uma população em torno de 173 milhões de habitantes no Brasil. Desta gente toda, uma grande parte possui renda inferior a dez salários mínimos, o que pode significar uma oportunidade para o mercado da hotelaria econômica. Com o controle inflacionário, e a baixa dos juros, existe um cenário favorável para que os níveis de crédito ao consumidor final possam ser facilitados. Algumas operadoras e companhias aéreas já começam a ofertar pacotes turísticos a preços muito competitivos e com parcelamentos que podem chegar até 12 vezes sem juros ou 24 meses com juros básicos (em maio/2004 em torno de 1% ao mês). A meu ver, esta poderá ser uma saída inteligente para o setor. Sendo este cenário verdadeiro, e todas as previsões otimistas se concretizando, nós teremos um novo perfil de cliente alcançando o mercado do turismo. Este novo cliente tem algumas características particulares:

- pouca ou nenhuma experiência em viagens, principalmente aéreas;
- por tudo ser uma novidade, seu poder de avaliação (sem vícios) será crítico e com poder de influência muito forte em sua classe de convivência;
- temor de encontrar grandes formalidades que possam constrangê-lo;
- anseio por um sistema que seja simples e que facilite a sua vida;
- disposição a não realizar gastos adicionais.

11

Sugestão Final

11. Sugestão Final

O mundo mudou, as pessoas mudaram, as crises sempre existirão e os negócios também. O turismo e a hotelaria não podem mais ficar alheios a tudo o que acontece no mundo dos negócios. Os profissionais da área terão que ser executivos de negócios e não meros sorridentes gestores. A capacitação e a inovação continuam em alta. Utilizar ferramentas gerenciais para dirigir o negócio é uma obrigação. Elas são aplicáveis a qualquer tipo de negócio, pequeno, grande, complexo, simples, rentável, nem tanto ou não, enfim, todos os negócios.

A fase da lamúria e da lamentação já passou. Está em decadência, não combina mais com os dias de hoje. O mundo precisa de mais otimismo. Otimismo projetado – aquele em que uma análise estratégica é trabalhada –, não um mero achar que tudo vai dar certo. As idéias mostradas aqui e os cenários avaliados podem servir de início para uma reformulação mais global, e mais dinâmica em sua organização.

Eu espero que este objetivo tenha sido alcançado, e que você tenha entendido a importância de ser um profissional proativo, preocupado com os resultados e com os rumos de seu negócio. Sucesso é o casamento perfeito entre oportunidade e competência, portanto, use e abuse delas para conseguir chegar até lá. Eu tenho certeza de que você consegue e é capaz.

Renato Ricci
renato@renatoricci.com.br
www.renatoricci.com.br
www.qualitec-consultoria.com.br
contato: Tel.: (0XX11)3965-6743

Sobre o Autor

Renato Ricci é consultor de gestão de negócios e diretor da Qualitec Hotelaria, empresa de consultoria e treinamento especializada no segmento da hospitalidade. É também autor de diversos livros, entre eles *Padronizando o Sistema da Qualidade na Hotelaria Mundial* e *Hotel – Gestão Competitiva no Século XXI*, publicados pela Qualitymark Editora, considerados obras de referência nas principais escolas de turismo e hotelaria do país. Palestrante internacional, Renato Ricci adota uma abordagem do ponto de vista dos clientes e totalmente voltada à simplificação das formas de gestão. Considera-se um "hóspede profissional", tendo conhecido, nos últimos anos, mais de 500 hotéis, em mais de 25 países. Tem coordenado diversos *workshops* interativos destinados aos profissionais do segmento, bem como a gestores e proprietários de hotéis. Publicou recentemente *Diagnóstico e Mapeamento da Gestão Hoteleira* (Qualitec Publicações), o primeiro autodiagnóstico do setor. É autor dos vídeos *Hotel – Criando Oportunidades em um Cenário de Mudanças* e *Profissional Sim, e Competente Também*, este último voltado aos estudantes de hotelaria e de turismo que estão iniciando sua carreira. É membro da *ASQ – American Society for Quality* e do **IMC – Institute of Management Consultants**.

Caso você queira enviar os seus comentários, poderá fazê-lo pelo e-mail **renato@renatoricci.com.br**.

Visite nossos sites:

www.renatoricci.com.br
www.qualitec-consultoria.com.br/hotelaria.htm

Iso 9000 na Hotelaria

Rejane Santos

Com mais de uma década de experiência na área hoteleira, Rejane Santos procura ensinar ao leitor as peculiaridades deste segmento para a implementação das normas ISO. Através de exemplos práticos e de uma linguagem clara e objetiva, a autora pretende que as rotinas demonstradas sejam adotados na prática não somente por organizações que desejem obter a certificação, mas por todos que necessitem de ferramentas para controlar custos, desperdício, padronizar tarefas e conscientizar pessoas.

ISBN: **85-7303-471-8**
Formato: **16 x 23cm**
Nº de páginas: **240**

SUPERVISÃO EM HOSPITALIDADE

Rafael R. Kavanaugh e Jack D. Ninemeier

Conheça as mudanças que estão revolucionando o setor de hospitalidade e como elas podem ser úteis ao seu negócio ou estudo. Neste livro, você vai aprender a empregar efetivamente os princípios gerenciais básicos necessários para se manter os preços baixos e um altíssimo padrão de qualidade. Os princípios de supervisão discutidos neste livro devem formar a base sobre a qual as novas habilidades – algumas das quais talvez nem sejam conhecidas ainda – podem ser construídas. Uma publicação conjunta da Qualitymark com o Instituto de Hospitalidade e o American Hotel & Lodging Institute.

ISBN: **85-7303-397-5**
Formato: **18 x 25cm**
Nº de páginas: **388**

EXCELÊNCIA EM HOTELARIA

Geraldo Castelli

Esta publicação tem o mérito de permitir ao leitor familiarizar-se com as modernas técnicas de administração empresarial, em especial com a Gestão da Qualidade Total, mantendo o enfoque centrado nas características do setor hoteleiro. É o primeiro livro, no Brasil, com dicas fundamentais para que o setor hoteleiro se prepare para o grande desafio: atingir a Excelência.

ISBN: 85-7303-014-3
Formato: **16 x 23cm**
Nº de páginas: **156**

Planejamento e Organização do Turismo

Bayard Boiteux e Maurício Werner

Neste livro, os professores Bayard Boiteux e Maurício Werner explicam todos os aspectos do Planejamento Turístico, que prevê o controle e a organização dos impactos causados pela indústria turística. E em grande parte, tal planejamento depende de fatores como o mercado mundial, marketing, política interna e externa, dentre outros, que devem ser cuidadosamente analisados, visando o sucesso de uma estratégia. Além de destrinchar todo o processo de Planejamento Turístico, são apresentados e estudados dois casos: Rio de Janeiro e Cabo Frio, onde se obteve um sucesso graças ao modelo técnico implementado.

ISBN: **85-7303-462-9**
Formato: **16 x 23cm**
Nº de páginas: **128**

Entre em sintonia com o mundo

QualityPhone:
0800-263311
Ligação gratuita

Qualitymark Editora
Rua Teixeira Júnior, 441 – São Cristóvão
20921-400 – Rio de Janeiro – RJ
Tel.: (21) 3860-8422
Fax: (21) 3860-8424

www.qualitymark.com.br
e-mail: quality@qualitymark.com.br

Dados Técnicos:

• **Formato:**	16×23cm
• **Mancha:**	12×19cm
• **Fontes Títulos:**	ITC OfficinaSansBook
• **Fontes Texto:**	News706 BT
• **Corpo:**	11
• **Entrelinha:**	13,2
• **Total de Páginas:**	144

Impresso nas oficinas da
SERMOGRAF - ARTES GRÁFICAS E EDITORA LTDA.
Rua São Sebastião, 199 - Petrópolis - RJ
Tel.: (24)2237-3769